MANUEL DE FALLA

JUAN ANTONIO NARVÁEZ SÁNCHEZ

MANUEL DE FALLA
Vida y obra

EDICIONES RIALP

MADRID

© 2025 *by* JUAN ANTONIO NARVÁEZ SÁNCHEZ
© 2025 *by* EDICIONES RIALP, S. A.,
Manuel Uribe 13-15 - 28033 Madrid
(www.rialp.com)

Preimpresión: www.produccioneditorial.com

ISBN (edición impresa): 978-84-321-7061-4
ISBN (edición digital): 978-84-321-7062-1
ISBN (edición bajo demanda): 978-84-321-7063-8
ISNI: 0000 0001 0725 313X
Depósito legal: M-7730-2025
Impreso en Anzos, S. L., Fuenlabrada (Madrid)

A Paco (+) y Puri,
José Fernando y Sonia,
Maite,
Lucía, Candela y Sara,
con cariño.

Con mi particular agradecimiento a la FUNDACIÓN
IMPACTUN por su excelente contribución
al desarrollo de labores sociales y culturales

«De aquí que los sonidos procuren una sensación agradable a los ignorantes y un gozo razonado a los sabios, por la imitación de la armonía divina que realizan en los movimientos mortales».

Platón. *Timeo*

«Que la belleza que transmitáis a las generaciones del mañana *provoque asombro en ellas*. Ante la sacralidad de la vida y del ser humano, ante las maravillas del universo, la única actitud apropiada es el asombro.

(...) Los hombres de hoy y de mañana tienen necesidad de este entusiasmo para afrontar y superar los desafíos cruciales que se avistan en el horizonte. Gracias a él, la humanidad, después de cada momento de extravío, podrá ponerse en pie y reanudar su camino. Precisamente en este sentido se ha dicho, con profunda intuición, que "la belleza salvará al mundo".

La belleza es clave del misterio y llamada a lo trascendente. Es una invitación a gustar la vida y a soñar el futuro. Por eso la belleza de las cosas creadas no puede saciar del todo y suscita esa arcana nostalgia de Dios que un enamorado de la belleza como san Agustín ha sabido interpretar de manera inigualable: *"¡Tarde te amé, belleza tan antigua y tan nueva, tarde te amé!"*.

Os deseo, artistas del mundo, que vuestros múltiples caminos conduzcan a todos hacia aquel océano infinito de belleza, en el que el asombro se convierte en admiración, embriaguez, gozo indecible.

Que el misterio de Cristo resucitado, con cuya contemplación exulta en estos días la Iglesia, os inspire y oriente.

Que os acompañe la Santísima Virgen, la *"tota pulchra"* que innumerables artistas han plasmado y que el gran Dante contempla en el fulgor del Paraíso como *"belleza, que alegraba los ojos de todos los otros santos"*».

(San Juan Pablo II. *Carta a los Artistas*. 4 de abril de 1999)

«La belleza, desde la que se manifiesta en el cosmos y en la naturaleza hasta la que se expresa mediante las creaciones artísticas, precisamente por su característica de abrir y ensanchar los horizontes de la conciencia humana, de remitirla más allá de sí misma, de hacer que se asome a la inmensidad del Infinito, puede convertirse en un camino hacia lo trascendente, hacia el Misterio último, hacia Dios. El arte, en todas sus expresiones, cuando se confronta con los grandes interrogantes de la existencia, con los temas fundamentales de los que deriva el sentido de la vida, puede asumir un valor religioso y transformarse en un camino de profunda reflexión interior y de espiritualidad».

(Benedicto XVI. Encuentro con los artistas.
21 de noviembre de 2009)

ÍNDICE

Introducción 13

1. Años de juventud y formación 19
   Cádiz 19
   Infancia y juventud 22
   El mundo interior del joven Falla 25
   Panorama musical del siglo xix en España 33
   Hasta el desastre del 98 36
   Madrid 41
   Primeras composiciones 44
   La zarzuela 48
   El maestro Pedrell y el maestro Lucas 53
   La llamada del corazón 59
   Dos concursos 64
   París soñado 76

II. Años de París 83
   Los maestros 83
   La *vida* en París 93

11

El *Olimpo* de París 98

Cuatro piezas españolas 107

Tres melodías 117

La vida breve 126

Primera Guerra Mundial y regreso a España 138

III. TRIUNFAR EN ESPAÑA, TRIUNFAR EN EL MUNDO 143

Estrenos en Madrid 143

El hechizo de *El amor brujo* 148

Noches en los Jardines de España 156

El sombrero de tres picos 161

El sueño de Granada 168

Vivir en Granada. Concurso de cante jondo 172

El retablo de Maese Pedro y la Orquesta Bética de Cámara.... 179

IV. UNA NUEVA ÉPOCA 187

Vivir en una nueva época 187

Religiosidad, cultura y salud 193

Años de inquietud 199

Himno Marcial y el Instituto de España 206

Con la mirada en América 209

Últimos años 214

¿Y *Atlántida*? 219

HOMENAJES A FALLA 225

PRINCIPALES OBRAS DE MANUEL DE FALLA 237

INTRODUCCIÓN

CATEDRAL NUEVA DE CÁDIZ. Bajo la amplia superficie que comprende el presbiterio y la girola, y con acceso por dos escaleras laterales, se encuentra la sobria y espaciosa cripta, situada ya por debajo del nivel del mar. En torno a la audaz bóveda casi plana, diseñada por Vicente Acero, parten radialmente las diversas galerías de forma rectangular que tienen cubiertas adinteladas con engatillados interiores. Entre dos de estas galerías, un escudo labrado en piedra de Colmenar de Oreja, con las armas que representan una lira y una cruz, corona el dintel de una puerta de madera de castaño finamente tallada que da acceso a la escalinata que conduce a una antecámara y, esta, a la capilla funeraria. Allí, granito de la sierra de Madrid; aquí, mármoles negro y rojo de Alicante y San Sebastián. En las paredes laterales de la primera estancia, dos coronas de laurel en bronce, donación de la Diputación Provincial y el Ayuntamiento de Cádiz; en las de

13

la segunda, apliques de alabastro presentes de la familia. Separando ambas estancias una cancela en hierro forjado con unos versículos, tomados del Salmo 150, en letras doradas en el friso superior: *Laudate Dominum in sanctuario eius. Laudate eum in chordis et organo. Omne quod spirat laudet Dominum.* (Alabad al Señor en su santuario. Alabadle con instrumentos de cuerda y voces de órgano. Todo espíritu alabe al Señor).

A uno y otro lado de la tumba, sendas escalinatas acceden al altar, separado, y a la vez protegido, por una barandilla de mármol de Bucarró crema tallada en oro. Sobre el altar, un sobrio crucifijo de bronce. Del techo pende una lámpara de plata del siglo xvi.

El panteón fue diseñado por el arquitecto José Menéndez Pidal inspirándose en el prerrománico asturiano.

En el centro de la capilla una losa de mármol gris, extraído de la Sierra Elvira de Granada, cubre la sepultura. Labrada sobre la superficie pulida de la piedra destaca una cruz, sencilla de trazado, pero de tamaño significativo. Debajo, un nombre:

MANUEL DE FALLA

A renglón seguido dos ciudades y dos fechas:

CADIZ 23 NOV. MDCCCLXXVI
ALTA GRACIA (ARGENTINA) 14 NOV. MCMXLVI

Sobre la cruz, un epitafio tomado del lema del monasterio de San Jerónimo, que Falla hizo suyo:

SOLI DEO HONOR ET GLORIA

Estas piedras, estos mármoles, estas inscripciones funerarias compendian la vida y la obra de un hombre, de un Maestro: comprenden setenta años de la historia musical española. Pero simbolizan, sobre todo, el sentimiento que presidió la vida y el trabajo creador de D. Manuel: *Solo a Dios el honor y la gloria.*

Su vida quedó segada por la muerte, pero su música permanece entre nosotros siempre brillante, con la frescura y el color de las obras intemporales, con la perennidad de las obras clásicas: modelo digno de imitación y de admiración.

La vida del Maestro fue sencilla y repleta de inquietud por la música. Vivió exclusivamente para la música; rectificamos: vivió exclusivamente para dar gloria a Dios a través de la música. Falla fue siempre consciente de la trascendencia de sus actos, de la necesaria referencia sobrenatural de todo su quehacer. Se sentía partícipe de la actividad creadora de Dios, se sentía deudor de su cultivada capacidad musical; para él, la inspiración creativa era un don divino recibido gratuitamente sin mérito alguno de su parte. Ello le llevaba a una exigencia máxima; a un revisar continuamente sus obras en busca de un compás que retocar, de una pausa que intercalar, de un mínimo detalle que representara, a su exquisita sensibilidad, una mayor perfección y sonoridad de su obra; fue su ideal estético: *ni una nota de más, ni una de menos.* Su ideal fue la Belleza. Como consecuencia de esta actitud suya, y por respeto también hacia otros maestros, estudiaba de manera pormenorizada las obras que tenía que dirigir o interpretar para ser fiel a la partitura tal como había sido concebida por el compositor correspondiente, sin dejarse llevar por modas o corruptelas más o menos permitidas, aunque contribuyesen a una aparente interpretación repleta de brillantez, pero alejada del espíritu del autor. Algo que no hicieron *determinados intérpretes* con las obras de Falla, aun en vida del autor, y mucho menos después de su muerte.

Hector Berlioz, en sus *Memorias*, dirigía a las generaciones futuras unas palabras repletas de sensatez: ¡Pobres compositores, aprended a dirigir y hacedlo bien! Pues el más peligroso de vuestros intérpretes es el director. No lo olvidéis.

Por eso siguió muy de cerca todos sus estrenos, aunque no los dirigiera él, y dejó instrucciones muy precisas para la interpretación de sus obras. Por eso, cada vez que escuchamos alguna de estas obras se despierta nuestra admiración: es como si un halo misterioso penetrara nuestros sentimientos y nos envolviera con sus destellos radiantes: es el espíritu de Falla, que aletea todavía sobre el pentagrama de cada una de sus partituras; es el espíritu de las obras bien hechas.

Falla fue un compositor deslumbrante que vivió en una época donde abundaron los genios musicales, que le superaron únicamente en fecundidad de obras. Falla, componía a un ritmo lento y las circunstancias físicas crearon a su alrededor un ambiente de autolimitaciones, a modo de barrera infranqueable, que hizo que su obra quedara bastante reducida, pero repleta de inspiración, belleza y perfección.

Y, sobre todo, comparando entre sí el grupo de sus obras más representativas, es de admirar que cada una de ellas es considerada como una obra maestra genuina, totalmente distinta a las demás, un género diferente elevado a la perfección. No es reiterativo, no repite el éxito de voz, piano u orquestación de una obra anterior en las posteriores. Cada obra es un trabajo acabado, nace y muere en sí misma.

Destaca, además, por su acentuada personalidad, por sus virtudes humanas y cristianas de las que hizo gala a lo largo de su vida, y muchas veces en detrimento de su economía y de sus derechos. En resumen, fue un hombre justo que fijó sus aspiraciones en un ideal que unificaba lo mejor para su alma y para su arte: glorificar a Dios con su vida y con su trabajo.

1.
AÑOS DE JUVENTUD Y FORMACIÓN

CÁDIZ

Cádiz, la misteriosa Cádiz, la legendaria Cádiz. Su origen se pierde envuelta en la leyenda y en la historia. Se considera que fue fundada por los tartessos hacia el 1100 a. C. con el nombre de *Gadir*, muro o vallado, lugar rodeado de agua...

Ciudad comercial y estratégica fue muy apreciada por las grandes civilizaciones: fenicios, griegos cartagineses, romanos. Asociada a las grandes expediciones guerreras de Amílcar Barca, Asdrúbal, Aníbal... En tiempos de Augusto, con el latinizado nombre de Gades, la ciudad adquiere su máximo esplendor, resonancia y trascendencia política.

A partir del Bajo Imperio se inicia una decadencia con determinados altibajos a través de los visigodos y de los musulmanes hasta que es reconquistada definitivamente, en 1262, por Alfonso X el Sabio, quien la reconstruye, fortifica y la repuebla, como era costumbre en aquellos tiempos, trasladando gentes de otras regiones del reino, en este caso particularmente de santanderinos.

Es a comienzos del siglo XVI cuando Cádiz resurge en el aspecto social y económico con el descubrimiento de América. La ciudad se convierte, a través de sucesivas concesiones por parte de la corona, en uno de los dos puertos, el otro es Sevilla, por donde fluyen las riquezas procedentes de América. Esto origina una gran transformación en el aspecto urbano para dar cabida y respaldo al auge comercial y al consiguiente aumento de población.

Pero esta particular relevancia le hará pagar un precio demasiado alto al convertirse en punto de mira de los piratas, especialmente de los ingleses. En el último tercio del siglo XVI, Cádiz será objetivo de los barcos de Francis Drake y del conde de Essex, quienes atacaron una y otra vez los barcos fondeados en el puerto. Ataques que en alguna ocasión fueron seguidos del saqueo de la ciudad. Durante tres siglos, con más o menos virulencia, Cádiz se ve sorprendida por estos acosos que destruyen y queman su hacienda.

Nuevo protagonismo adquiere Cádiz a finales del siglo XVIII, con el bloqueo del puerto por parte de los británicos y los sucesivos bombardeos de la ciudad por la escuadra del almirante Nelson. Estos avatares son el comienzo de un progresivo deterioro de la vida comercial y, en consecuencia, la pérdida del protagonismo económico.

El inicio del siglo XIX viene marcado por la guerra de la Independencia contra los franceses. Tras algunas valientes intervenciones de los gaditanos en la contienda, el día 6 de febrero de 1810 los franceses comenzaron un largo asedio a la ciudad con frecuentes bombardeos, aunque poco efectivos porque muchas de las bombas no llegaban a estallar. De ahí surgió el cantar popular:

Con las bombas que tiran
los fanfarrones
hacen las gaditanas
tirabuzones

o su variante

Con las bombas que tira
el mariscal Soult
hacen las gaditanas
mantillas de tul.

En esas precarias circunstancias Cádiz adquiere un protagonismo destacado por haber convocado el Consejo de Regencia las Cortes Generales, que celebraron las sesiones desde el 24 de septiembre de 1810 al 20 de febrero de 1811 en el Teatro de la Isla de León (hoy San Fernando), para proseguir luego las deliberaciones en la gaditana iglesia oratorio de San Felipe Neri, desde el 24 de febrero hasta el 14 de septiembre de 1813. En este período se tomaron acuerdos sobre la Soberanía Nacional, la libertad de imprenta, la igualdad de españoles y americanos, la organización de la Regencia y la necesidad de una nueva Constitución política. Fruto de estas sesiones fue la primera Constitución española, promulgada el 19 de marzo de 1812; de ahí que popularmente se la denominara *La Pepa*. Las Cortes de Cádiz han pasado a la Historia de

21

España no solo en el aspecto político sino también en el social y hasta en el costumbrista.

El final de la Guerra de la Independencia, en 1812, y la sucesiva emancipación de las colonias en América, con la consiguiente alteración del sentido comercial de la navegación entre las naciones, hacen que en unas decenas de años Cádiz adquiera una nueva fisonomía, convirtiéndose en una ciudad cosmopolita donde se negocia indistintamente en francés, en inglés o en castellano.

INFANCIA Y JUVENTUD

Y es en esta cosmopolita y próspera capital de provincia, Cádiz, donde viene al mundo Falla, a las seis de la mañana de un día otoñal.

En esta casa nació, el 23 de noviembre de 1876, el eminente Compositor MANUEL DE FALLA. El Ayuntamiento de 1926. Así reza la lápida conmemorativa que hay colocada en la casa de la Plaza de Mina, número 3.

Es la misma fecha que aparece en la fe de bautismo celebrado tres días después. Al recibir solemnemente este sacramento inicial de la vida cristiana le imponen los nombres de Manuel María de los Dolores, Clemente, Ramón del Sagrado Corazón de Jesús. Sus padres fueron D. José María Falla y D.ª María Jesús Matheu. (El Maestro comenzó a firmar sus obras como M. Falla, según costumbre de otros compositores. A partir de *La vida breve* lo hará con su nombre: Manuel de Falla).

Doña María Jesús, Jesusa como se le conocía, o Jesusita, apelativo familiar con el que se le llamaba habitualmente, había nacido también en Cádiz. El origen de su familia procedía de Francia; en el primer cuarto del siglo XVIII sus antepasados se habían trasladado a Cataluña y posteriormente a Cádiz. En cuanto a don José María, gaditano de nacimiento, procedía de una familia levantina que se había asentado en esta ciudad andaluza al socaire del comercio; familia de consignatarios y banqueros que fluctuaron económicamente de acuerdo con los tiempos.

Jesusita, joven y rica heredera, recibió una educación cultural esmerada en la que destacaba su formación musical, muy propia de la época. El piano era el instrumento familiar que tocaba con bastante soltura: bien ella como solista o a cuatro manos con su padre, bien acompañando a otros instrumentos o a una voz. Pequeñas veladas musicales y asistir a conciertos en salas o teatros eran las distracciones habituales. Era frecuente organizar en la propia casa o en las de otros amigos alguna *soirée* para lucimiento de las dotes personales, sin otra pretensión que la de pasar un rato agradable.

No faltaron propuestas para formalizar relaciones con chicos de la escogida sociedad gaditana, algunas de ellas un partido ventajoso que hubiese aunado un capital próspero y considerable. Sin embargo, la rueda de la fortuna del amor hizo que las rechazase para quedarse con José María Falla. José María era un joven distinguido; había estudiado en el colegio de los jesuitas, pero no hizo ninguna carrera universitaria; no por desdén hacia los estudios sino porque pronto comenzó a negociar en la Bolsa.

La familia de Jesusita aceptó este compromiso y al contraer matrimonio en la histórica iglesia de San Antonio, que aún conserva su porte barroco, le dieron como

23

dote cuatrocientas mil pesetas; toda una fortuna, incrementada a la muerte de los padres de ella con otros dos millones de pesetas. Jesusita y José María eran, pues, una familia bien acomodada.

Fruto del matrimonio fueron cinco hijos: Manuel, José María, María del Carmen, Servando y Germán (los dos últimos en referencia a los santos mártires patronos de la ciudad). José María y Servando murieron prematuramente. En la vida del Maestro estarán presentes los otros dos hermanos; especialmente María del Carmen, quien renunciará a una vida propia e independiente para dedicarse al cuidado de su hermano en todos los aspectos de la vida cotidiana, incluso a tareas propias de una secretaria, como contestar la correspondencia siguiendo indicaciones de su hermano.

Manuel María tendrá como nodriza para su crianza a una mujer netamente andaluza, *la Morilla*, que le cantará las nanas para adormecerlo y de quien escuchará también los cantes flamencos que tanta influencia tendrán en su música.

Los primeros años de su vida se desarrollan sin ninguna particularidad destacable. Cuando llega la edad de comenzar sus primeros y básicos estudios lo hará en casa con profesores particulares. Especial recuerdo dejó en los hermanos Falla la figura de Clemente Parodi: un hombre alto y fuerte con bigote negro, vestido de levita y sombrero de copa.

Son años de una relativa calma social y política: es el comienzo de la Restauración, con unos prometedores augurios. El 29 de diciembre de 1874 el general Martínez Campos había protagonizado un pronunciamiento en las cercanías de Sagunto (Valencia) en el que proclamó rey de España al hasta entonces príncipe Alfonso de Borbón, hijo de Isabel II, con el nombre de Alfonso XII. El 22 de enero de 1875, en medio de una apoteosis multitudinaria, entraba en Madrid el nuevo rey. Se iniciaba así un nuevo período de la historia de España, que duraría casi un cuarto de siglo, con el que de una parte se daba fin a unos años de gobierno imposible —la Primera República— y, de otra, se crearon unas expectativas, tal vez excesivas, que con el paso de los años dieron origen a una forma de vida y a una sociedad un tanto ficticia: demasiado preocupada de las apariencias y con un trasfondo superficial e insustancial. Pero no hay que negar los logros económicos y sociales alcanzados principalmente durante el breve reinado de Alfonso XII: orden, continuidad, calma social, prosperidad material, realización de obras públicas y otros proyectos que ponían de manifiesto el desarrollo económico.

Y es en esta sociedad donde crece Manuel de Falla en la capital de la provincia gaditana.

Las primeras inclinaciones artísticas que se le conocen están dirigidas a la literatura y a la pintura. Y esas eran sus aspiraciones manifestadas por aquel entonces con decisión y seguridad: —*Quiero ser literato*. Y es la literatura la que le va a llevar a aislarse para vivir en un mundo creado por él mismo.

El mundo interior del joven Falla

La adolescencia de Falla presenta algunas particularidades: Naturaleza enfermiza, que no le abandonará en toda su vida; carácter taciturno e introvertido. Las fotografías que se conservan de su niñez reflejan ese aire pensativo y ese ensimismamiento. No fue nunca amigo de juegos violentos o que requiriesen un notable esfuerzo físico; sí, en cambio, de aquellos en los que sobresalieran la imaginación o tuviera que desarrollar la capacidad intelectual. Y todo ello en un ambiente fuertemente influenciado por su madre, una mujer sencilla, pero repleta de sensibilidad y ternura.

En el hogar se leen una serie de revistas ilustradas, muy en boga por aquellos años, que ejercieron notable influencia en su formación cultural, pero que, además, eran el vínculo de unión de la familia con sus raíces catalanas, admiración por Cataluña que perduró en el Maestro hasta el fin de sus días. Estas revistas eran: *La Ilustración Ibérica, La Ilustración Artística, La Hormiga de Oro* y el *Journal des Demoiselles*. Especialmente dedicado a los pequeños era el diario infantil *El Camarada*.

Fruto de esas ilustraciones gráficas era su afición al dibujo y a la pintura. Se conservan dibujos y alguna acuarela de tema religioso extraídos de estas revistas. Particular interés tenía *Journal des Demoiselles*, pues ofrecía entre sus páginas partituras de piezas de salón, muy del gusto de la época, que venían a enriquecer la colección familiar y, en su momento, servían para lucimiento de los diferentes intérpretes que amenizaban con su ejecución las veladas y fiestas familiares.

En una casa donde el ambiente musical está tan arraigado es lógico que la música acabe predominando y el joven Manolito se deja seducir. Sorprendieron tanto sus primeros contactos con el piano que su propia madre tomó la determinación de dedicar parte de su tiempo a darle clases de solfeo y piano.

Hay también en el hogar una fuerte religiosidad, vivida según la espiritualidad de aquellos años, en la que se concede un papel destacado al pietismo, a la fuerza del sentimiento. Es una época en la que las manifestaciones religiosas personales, en algún determinado pero amplio sector de la sociedad que se confesaba católica, se pone de relieve de manera casi exclusiva en el cumplimiento, a veces hasta rutinario, de unas prácticas de piedad; reflejo de la parábola evangélica de la higuera estéril: cargada de hojas vistosas, pero sin la capacidad de ofrecer unos frutos que se correspondan con aquella frondosidad. Con el tiempo Falla superará ese sentimentalismo para fundamentar su religiosidad en un conocimiento profundo de la fe a través del estudio de la doctrina católica que le llevaba, en consecuencia, a una vida de oración, a una frecuencia de sacramentos y, sobre todo, a un vivir de acuerdo con la fe en todos los aspectos de su existencia. En este ambiente de religiosidad el pequeño recibe una esmerada preparación para comulgar por primera vez a Jesús Sacramentado, el 26 de junio de 1886, cuando aún no ha cumplido los diez años. Por encima del día de fiesta que ello representaba había un predominio de la fe en el misterio sacramental. Falla tuvo desde pequeño un espíritu reflexivo, junto a una madurez innata, y de modo particular ante el hecho religioso.

La casa de la plaza de la Mina se quedaba pequeña. Allí vivían el matrimonio, Virginia, la hermana de Jesusita que los acompañó siempre, los hijos y los criados. Se hizo, pues, necesario buscar una vivienda más amplia y la encontraron en la calle del Veedor (Ramón de Santa Cruz) número 14. Como si de una fiesta extraordinaria se tratara los pequeños disfrutaron aquel día con el inmenso ajetreo de la mudanza y el pintoresquismo que llevaba consigo. Luego, ante los avatares de la vida, se sucederían diversas mudanzas y nuevos domicilios, siempre en el casco histórico de Cádiz.

La vida se reanudaba inmediatamente en cada nueva casa y el joven Falla no se siente afectado por esos traslados para crear su propio mundo interior. Un mundo totalmente imaginario. Sorprende su capacidad inventiva para desarrollar la vida económica y artística de una ciudad que solo existía en su mente, pero que tuvo también su reflejo práctico. En efecto, la ciudad de *Colón* solo existe en su imaginación, pero él la hace cobrar vida moviendo personajes y dando cuenta de los acontecimientos a través de unas revistas: *El Mes Colombino, El Burlón* y *El Cascabel.* Existe la figura del director, existen unos redactores y críticos literarios, existe una publicidad... Todo ello no era sino el producto de una desorbitada afición y el sueño de ser escritor. Pero esto nos hace descubrir también una cultura bastante sólida y unos conocimientos literarios que le serán de gran utilidad a lo largo de su vida.

La vida cotidiana es a veces interrumpida por acontecimientos trágicos y en otras ocasiones por acontecimientos felices. Falla recordará hasta el final de sus días el grito patético de su padre cuando un médico confirmó que un familiar que vivía con ellos había contraído el cólera:

—*¡Que se lleven a los niños!*

Y los niños fueron trasladados de inmediato, y por una temporada, a la cercana población de El Puerto.

Más apacibles fueron, en cambio, los viajes, con motivos turísticos o de descanso, a esa misma ciudad, o a otras próximas como San Fernando, Jerez, etc. y también a Sevilla, en 1886, donde le sorprendió gratamente el júbilo con el que la ciudad recibió la feliz noticia del nacimiento de Alfonso XIII. El descubrimiento de Sevilla produjo una fuerte emoción en su espíritu sensible. Se sintió deslumbrado hasta tal extremo de pedirle a sus padres que trasladaran su residencia a esta capital.

Pero los sueños literarios son pronto absorbidos por los musicales. Junto con las asignaturas propias del Bachillerato y una vez que Jesusita comprendió la inclinación natural de su hijo hacia la música, quiso darles seriedad y categoría a estos estudios. Primeramente, tuvo como profesora a Eloisa Galluzzo, una joven de merecido prestigio musical y moral y perteneciente a una reconocida familia, venida a menos, de la buena sociedad gaditana; vivía con su madre a la que mantenía con el fruto de su trabajo. Pero esta joven tenía otras aspiraciones más elevadas y, cuando poco tiempo después murió su anciana madre, ingresó en el Noviciado de las Hijas de la Caridad, que era su verdadera vocación desde muchos años antes.

Inmediatamente le pusieron bajo la tutela musical de don Alejandro Odero, que fue director de la Real Academia Filarmónica de Santa Cecilia, hombre de gran valía por sus conocimientos y capacidad. A la muerte de Odero, un tercer profesor, Enrique Broca, finalizará esta primera época de aprendizaje que completará Falla por sí solo: *Analizaba con ávida curiosidad toda obra de música que presentara un real interés para mí por una secreta afinidad con ciertas secretas aspiraciones cuya realización, sin embargo me parecía difícilmente posible.*

Su educación musical pasa de las primeras lecciones de solfeo y de piano, por parte de su madre, para continuar luego con el obligado y clásico método de Hilarión Eslava y adentrarse después en el mundo de la armonía y del contrapunto, y por último a la técnica del virtuosismo.

Un baile de disfraces en 1886, en el que Falla cumple diez años, dio origen a una fotografía bastante difundida en la que el joven Manolito aparece con un disfraz que ha sido calificado de paje, de don Juan, de... ; pero que según la crónica periodística de aquella fiesta publicada en el *Diario de Cádiz*, en la que el periodista recoge los *ecos de sociedad* describe la vestimenta de cada uno de los pequeños invitados haciendo alusión a la familia de quien procede, y al referirse a los Falla (asistió también una prima) lo denomina de Conde Raoul de Nangis, el caballero hugonote de la ópera *Los Hugonotes*, música de Giacomo Meyerbeer y libreto de E. Scribe y Deschamps. Y es que el mundo de la ópera estaba muy presente en la sociedad gaditana; cada año había una temporada de representaciones en el Teatro Principal en el que se ofrecían los títulos de repertorio, que luego eran recordados en las veladas musicales familiares con la interpretación de algún aria o de las transcripciones para piano, de las que tan pródigo fue Franz Liszt.

El ambiente musical del Cádiz de final de siglo y de la sociedad en la que se desenvuelve Falla demuestra una vasta cultura, aunque indudablemente influenciada por los gustos de la época y por las limitaciones que presentaban las distancias con los grandes focos que imperaban entonces e imponían sus criterios. Y esos focos eran las grandes capitales como Madrid y Barcelona, dentro del ámbito de nuestra España, pero allende las fronteras el centro musical de referencia era París. No obstante, Cádiz, por su propia idiosincrasia mantenía un nivel muy por encima de otras capitales de provincia.

Viniegra y Quirell eran los apellidos de dos personajes gaditanos relacionados, o, por mejor decir, promotores de la vida musical en la ciudad. Don Salvador Viniegra y Valdés fue un mecenas entusiasta para los jóvenes que prometían y aspiraban a ocupar un lugar en el panorama musical. En los salones de la casa de este comerciante y coleccionista de instrumentos musicales, además de profesor, se interpretaba música continuamente. Poseía una gran biblioteca musical que comprendía desde las más famosas partituras de los pianistas del romanticismo hasta reducciones para piano o conjunto de cámara de las óperas y sinfonías más conocidas, además de un conjunto de piezas de salón que incluía el rondó, la bagatela, el rigodón, etc. Era amigo de Sarasate, quien le visitaba en sus estancias en Cádiz y también de Saint-Saëns, con quien mantenía correspondencia. Tenía una particular sensibilidad para descubrir dónde había jóvenes talentos musicales y encauzar su formación, bien personalmente, bien gestionando subvenciones para pensionar a esta juventud en el extranjero; tales fueron el caso de Ramón Gil, Jerónimo Jiménez, José Castro y, naturalmente, Falla.

El señor Quirell poseía una exposición de pianos y junto a ella, como era costumbre, un salón de conciertos donde se daban frecuentes recitales. Aquí tuvo oportunidad Falla de presentarse en público y tocar en varias ocasiones

Hay una obra musical que gravita de manera decisiva en la vocación de Falla, se trata de *Las Siete Palabras de Cristo en la Cruz* de Franz Joseph Haydn. El propio autor realizó tres versiones de esta magnífica composición: una para cuarteto de cuerda; otra para orquesta, en la que se va intercalando entre cada una de las sonatas que la componen la lectura de los versículos del evangelio que recogen las últimas palabras de Cristo en la Cruz; la tercera versión tiene forma de oratorio, con orquesta, solistas y coro de voces mixtas. Esta obra tiene una historia relacionada directamente con el Cádiz de finales del siglo XVIII. El origen de la composición está vinculado a Don José Sáenz de Santa María, marqués de Valde-Iñigo, fundador de la Hermandad de la Santa Cueva, ubicada en una cripta aneja a la iglesia del Rosario. Este personaje, en su deseo de realzar el esplendor y la belleza de los actos litúrgicos y en concreto los del Viernes Santo pidió a su amigo Francisco de Paula Miconi, Marqués de Méritos, que solicitase de Haydn, de quien era amigo personal, la composición de esta obra. El maestro austriaco accedió a la petición. Así se comenzó a interpretar esta obra en Cádiz el Viernes Santo de 1783.

Falla escuchó numerosas veces esta obra que le dejó profundamente impresionado; siempre tuvo para ella palabras elogiosas e, incluso, marcó algunos aspectos de su vida musical. Tuvo oportunidad de estudiarla con profundidad pues en sus años jóvenes llegó a interpretarla al órgano.

Mientras tanto realizaba como alumno libre los estudios de bachillerato, cuyo examen de ingreso superó, en medio de una inquietud nerviosa ante el tribunal, con un notable.

El denominado siglo de oro de la literatura castellana lo fue también para la música española. Figuras de la talla de Peñalosa, Correa de Arauxo, Narváez, Morales, Cabezón, Guerrero o Victoria son un exponente de la altura musical de aquel período que no tuvo luego continuidad. Algún que otro nombre aislado surgió a lo largo del transcurso de los siglos siguientes, por ejemplo el Padre Antonio Soler, pero en el conjunto no hay una relevancia trascendente. Durante ese tiempo se goza de la influencia italiana y francesa.

El siglo xix se inicia con muy buenos augurios que pronto se malograron. Nos referimos concretamente a Juan Crisóstomo Arriaga (Bilbao, 1806 - París, 1826). Este joven vasco, de no haber muerto cuando aún no contaba veinte años, pudo constituir una figura señera; en algunos ambientes se le denomina el Mozart español. Efectivamente, su técnica e inspiración, reflejadas en el buen grupo de obras que nos dejó para su corta vida, presagiaban un futuro brillante.

En 1807, nace el navarro Hilarión Eslava. Aunque en la actualidad se le recuerda fundamentalmente por sus trabajos de musicología y docencia, famoso fue su *Método de solfeo*, realizó también una importante tarea compositiva de la que hoy en día casi solo se interpreta su *Miserere en Sevilla*, por la tradicional ejecución anual en la Catedral hispalense, y también, en la misma línea, el *Miserere en Baeza* para la correspondiente Catedral. Sin embargo, independiente de su música religiosa y orquestal, realizó diversas incursiones en el mundo de la ópera que fue evolucionando desde una marcada influencia italiana, como el resto de su música, hasta la búsqueda de una expresión de carácter nacional. Esa inquietud le mueve, junto a otros compositores, Francisco Asenjo Barbieri, Joaquín Gaztambide y Emilio Arrieta, a fundar el grupo *La España Musical* para defender una música, ópera, netamente española.

Y es que la ópera ha cobrado una categoría predominante sobre cualquier otra forma de expresión musical. El mundo sinfónico queda relegado a un plano muy secundario y si alguien destacó fue Pedro Miguel Marqués (1843-1918), nacido y muerto en Palma de Mallorca, formado musicalmente en París, inició su período sinfónico en 1869, su *Primera Sinfonía* estrenada bajo la dirección de Monasterio fue bien acogida por el público y la crítica; su éxito más clamoroso lo alcanzó con la *Tercera Sinfonía*, a la que siguieron otras dos. Sin embargo, el ambiente musical español no estaba por el sinfonismo y tuvo que refugiarse en la zarzuela (*El anillo de hierro*) para poder subsistir económicamente.

Únicamente la música de cámara se fomenta en ambientes reducidos, bien en veladas familiares o pequeños conciertos en salones privados. La ópera italiana arrasa: el xix es el siglo de Gioacchino Rossini, Vicenzo Bellini, Gaetano Donizetti y, sobre todo, Giuseppe Verdi; el verismo de Giacomo Puccini se divide entre el final del xix y comienzos del xx.

Ante la fuerza de estos autores, ante la exclusividad de los empresarios que buscaban el éxito seguro y no estaban dispuestos a correr riesgos, ante la carencia o inadecuada formación musical del público español que consideraba en muchos casos las representaciones como acontecimientos sociales más o menos de moda, ante la incapacidad de los compositores españoles para *competir* con los italianos o franceses, ante la inexistencia en nuestra nación de verdaderos genios musicales, ante la necesidad de tener que sobrevivir económicamente, ante... ese cúmulo de circunstancias nuestros autores, como ya lo hemos referido antes al hablar de Marqués, se refugiaron, salvo algunas tentativas minoritarias y excepcionales, en el género netamente español: la zarzuela.

Este era el panorama musical que Falla se encontró a medida que fue profundizando en sus estudios y sintiéndose inmerso en el mundo del pentagrama. Y a este ambiente tendría que sobreponerse con constancia y tenaz lucha para acabar triunfando.

Apenas contaba una decena de años cuando actúa en público por primera vez, es en los salones de don Salvador Viniegra. El marco es una de esas veladas íntimas, con un público estrictamente familiar. Falla tiene que vencer su timidez, alentado por el organizador de las veladas que quiere comprobar los progresos del joven pianista. A partir de entonces las intervenciones serán más frecuentes, siempre en este escenario o en otros similares. Tendrán que pasar todavía unos años y situarnos a finales de siglo, cuando dará su primer concierto oficial con obras íntegramente suyas, en el salón de conciertos del señor Quirell. Son unas primeras obras juveniles en las que todavía no se refleja la impronta del Maestro, pero que ya comienzan a sorprender por su ambiciosa pretensión.

La personalidad de Manuel de Falla se fue forjando a lo largo de los años gracias a su carácter y al tesón de su constancia en el estudio, pero también gracias a la formación espiritual y religiosa que recibió desde su juventud. Su vida interior, su vida de trato con el Señor, tuvo una acción decisiva: es la fuerza de la gracia sobrenatural. También las lecturas de libros de espiritualidad contribuyeron a su formación; era un asiduo lector de la Sagrada Biblia, pero además en los anaqueles de su biblioteca hubo algunos libros muy del gusto de la época junto a otros grandes clásicos como el *Catecismo de Trento*, *La Pasión del Señor* de Luis de la Palma, el *Kempis*, o las obras de San Juan de la Cruz.

Esta formación espiritual se debe en gran parte a don Francisco Fedriani, un sacerdote que dedicaba parte de su tiempo a ejercer el ministerio pastoral con chicos jóvenes. Los animaba a hacer algunas actividades, les ayudaba con sus acertados consejos y les estimulaba a las prácticas de piedad; todo esto constituía por aquel entonces una novedad apostólica. Al comienzo se limitaba a hablar con los jóvenes y los domingos se reunían en la Santa Cueva, les celebraba la Santa Misa y comulgaban. Pronto comprendió que los chicos necesitaban algún rato de expansión, así que en los bajos de su casa preparó una especie de club donde los jóvenes podían pasar algunas horas de tertulia, leyendo o practicando algún juego. Falla se aleja así de ambientes nocivos o frívolos, como los que rodeaban con frecuencia las comparsas que actuaban en los famosos carnavales de Cádiz, en los que nunca quiso participar.

Sintió siempre un especial celo por cuidar todos los aspectos relacionados con la virtud de la castidad: el pudor, la modestia, la delicadeza en el trato con las damas y, principalmente, evitar las ocasiones que pudieran ser un peligro para esta virtud tan significativa. Era consecuente con su fe.

Este ambiente afable que presidía las relaciones entre los asistentes al club del Padre Fedriani, ambiente cordial, distendido y alejado, por tanto, de un ocio negativo, hizo mucho bien a aquel grupo de amigos con los que Manolo mantuvo siempre unas relaciones afectuosas, aunque en algún momento se enfadara. Enfado que tuvo su origen en una iniciativa del propio Falla, quien por entonces llevaba a cabo sus estudios de piano y no quería poner límites a su actividad: pensó en crear una pequeña agrupación musical de la que él sería el director. La idea fue bien acogida, se distribuyeron los instrumentos y comenzaron los ensayos. Indudablemente los amigos no tenían madera de músicos, pues el tiempo transcurría y no se apreciaba un resultado tangible o, mejor, audible. Las exigencias del director colmaron la paciencia de los músicos o la ineptitud de los músicos rebosaron la paciencia del director; el hecho evidente es que un buen día Falla arrojó la batuta al suelo en un gesto de desánimo y, sobre todo, con el firme propósito de no dirigir más a aquella agrupación, lo cual mantuvo.

Estos eran pequeños avatares de la vida que iban curtiendo su espíritu. Otros de más entidad y trascendencia les aguardaban a escasos años de distancia.

El desastre militar y político del 98, tan significativo en la vida de los españoles, marcó a muchas familias: A unos, por sus consecuencias trágicas, con la pérdida de seres queridos; a otros, las consecuencias fueron económicas, con la pérdida de sus fortunas; para otros supuso notables cambios sociales, políticos, laborales... El 98 es, sin duda alguna, un punto de referencia para la historia de España.

El comienzo de esta crisis, si es que puede determinarse como tal comienzo, hay que situarlo en el movimiento secesionista de comienzos de siglo que inquieta a todas las colonias españolas, fundamentalmente a las del continente americano, mientras en el interior de la península se debate la propia independencia luchando contra los franceses. Esta inquietud secesionista no afecta por esos años de manera directa a las colonias insulares del Caribe: Cuba y Puerto Rico. El auge económico que desarrollan estas islas es uno de los factores que ayuda a mantener la unión con el gobierno peninsular. Pero este auge económico estaba fundamentado en la utilización de una cantidad ingente, cada vez mayor, de esclavos procedentes de África para poder mantener la producción de caña de azúcar, café y tabaco que se cultivaban en las grandes plantaciones.

La inestabilidad étnica fue una continua fuente de incertidumbres durante más de un siglo. A esto hay que sumar el arbitrario sistema de gobierno al que estaban sometidas concretamente estas colonias: un capitán general con plenos poderes. Los políticos en la capital de la nación tenían problemas de otra índole como para preocuparse de unos territorios tan alejados de la metrópoli, a los que, incluso, le habían recortado determinados derechos constitucionales.

La cada vez más creciente atención, con pretensiones anexionistas, que los Estados Unidos de América prestaba a unas islas tan próximas a sus costas; la monopolización de los intereses económicos que en ocasiones estaban unidos a los particulares intereses de algún que otro político; la abolición de la esclavitud; las ambiciones partidistas; el desconocimiento de lo que allí realmente sucedía; la incapacidad de los gobernantes para decidir unas medidas políticas que colmaran las aspiraciones de los cubanos... Este cúmulo de circunstancias, y algunas otras más, fueron detonantes que hicieron que no tardaran en surgir voces independentistas.

Erróneamente se quisieron atajar los primeros conatos reivindicativos e insurrecciones utilizando con contundencia la fuerza militar, que no logró sino causar numerosas heridas morales que el paso del tiempo dejó sin cicatrizar.

Los Estados Unidos de América intentaron incluso la compra de las islas, pero esto levantó un clamor de repugna. Por encima del mercantilismo estaba el honor militar y el orgullo patriótico, algo que los políticos no supieron encauzar adecuadamente.

Las esperanzas de llegar a un acuerdo pacífico sobre un estatus político aceptable en Cuba surgían y se desvanecían como tormentas de verano. Así hasta que el 23 de febrero de 1895 José Martí, en Baire, lanzó el grito de independencia: Era el comienzo de la guerra definitiva. Una guerra a la que España aportó ineficazmente una ingente cantidad de recursos humanos y económicos.

Otro aciago día de febrero de 1898, el crucero *Maine* de la marina de guerra norteamericana, que se encontraba en *visita de buena voluntad* en el puerto de La Habana, voló como consecuencia de una tremenda explosión. Fue el pretexto, ya que no se investigó de manera exhaustiva el origen del accidente, para que Estados Unidos declarara la guerra a España. De aquí al final de la tragedia, con la destrucción de la Armada Española al frente de la cual estaba el Almirante Cervera, apenas transcurrieron unos meses.

Las negociaciones de paz en París se aproximaron a una apariencia, pues España fue totalmente humillada al no existir tal negociación sino un requerimiento para que aceptara las condiciones del vencedor.

Todos estos avatares, al que se sumó también la pérdida de Filipinas, produjeron en el pueblo español una intensa conmoción al ver rendidos muchos de sus más preclaros ideales. Pero las consecuencias no afectaron únicamente al sentimiento patriótico, sino que trascendiendo el espíritu repercutieron acusadamente en la vida política, social y económica.

Este período de inestabilidad fue, sin duda alguna, el origen de la bancarrota a la que se ve abocado don José María Falla. Los mercados financieros, la Bolsa, a veces produce grandes fortunas, pero a veces también conducen a grandes quiebras. No se puede determinar el grado de responsabilidad de don José María en este tema; a pesar de todo, en ningún momento, sus familiares más allegados le recriminaron su actuación. La familia permaneció unida, y unidos todos ellos decidieron prestarse a sufrir el infortunio con resignación cristiana.

Jesusa recurrió a su hermana Emilia, que estaba casada y vivía en Madrid. Emilia y su marido no dudaron en tender una mano generosa y pródiga y le ofrecieron el traslado a la capital. Un buen día, Emilia recibió un telegrama enviado por su hermana:

—*Consumatum est. Llegamos, mañana express.*

Comenzaba una nueva etapa, bastante decisiva, para Manuel de Falla; comenzaba el asalto al primer bastión cultural de la nación: MADRID.

Madrid

El desastre del 98 provoca sobre todo una profunda crisis de conciencia, puesta de relieve de manera particular en los medios intelectuales, aunque en realidad afecte a todos los niveles de la sociedad.

A nivel nacional hay un espíritu crítico, cierto que constructivo, un afán de regeneracionismo. Hay, sí, a comienzo de siglo, un resurgir de la vida política y social. El 17 de mayo de 1902 Alfonso XIII es declarado mayor de edad, se inicia así una nueva etapa y se procede a la liquidación de la anterior. Pero nuevos problemas: regionalismo, cuestión obrera, radicalismo están latentes e inciden en la vida cotidiana de los ciudadanos.

Madrid continuaba ejerciendo el centro no solo político y social, sino también cultural. El Madrid de las múltiples caras: allí se daba cita toda una generación de escritores, a la que *Azorín* bautizó con el nombre del 98 y que en realidad por aquellos años ninguno se consideró encuadrado en una clasificación y menos con esa denominación, pero el hecho evidente es que pasaron a la historia con ese nombre y como el inicio de una etapa de florecimiento, que algunos han calificado si no de oro, al menos de plata.

41

La pintura, la música, el teatro, las corridas de toros, era el Madrid reflejado en los sainetes, con los personajes burgueses y ricos y los otros *achulados*, pero gente sencilla, gente llana del pueblo. Tertulias literarias, tertulias taurinas... era el mosaico que Falla encuentra en Madrid en esos primeros años de su estancia en la capital.

Pretendía Falla que Madrid fuese una ciudad de tránsito. La meta estaba fijada en París. Había llegado a la capital con una carta de presentación de Salvador Viniegra para el conde de Morphy. Este personaje tenía una cierta influencia; de hecho había ayudado, entre otros, a Pablo Casals a introducirse en los ambientes musicales de la corte y a lo que era de mayor importancia para la formación musical: una beca que le permitió trasladarse a París.

Pero en esta ocasión la recomendación no obtuvo el resultado apetecido. Falla tiene que enfrentarse a la cruda realidad de la vida madrileña: su familia sufriendo verdaderas penurias económicas, él con unos ingresos inestables fruto de las clases particulares que se ve obligado a dar y, a todo esto, con un porvenir incierto.

Al menos no tiene que interrumpir su trayectoria para cumplir el servicio militar, ya que ha sido declarado estrecho de pecho. Esto evita tener que suspender por dos o tres años, tan decisivos en esos momentos de formación, su dedicación a la música. La situación económica familiar no le hubiera permitido recurrir a la llamada *rendición a metálico*, que era el nombre que recibía la elusión del servicio militar mediante la compensación de una cantidad, que en ocasiones suponía para algunas familias una pesada carga que podía prolongarse durante años si habían tenido que recurrir a un empréstito. Este sistema, injusto y discriminatorio, estuvo vigente en España hasta 1931, aunque hay que reconocer que no fue exclusivo de nuestra patria, pues existía también en otros países europeos. La exención del cumplimiento del servicio militar, si bien reportó un claro beneficio para la carrera de Falla, le proporcionó años después bastantes molestias particularmente en sus viajes al extranjero donde tenía que cumplimentar engorrosos trámites administrativos a través de las correspondientes embajadas.

El planteamiento realista que se hace es que tiene que proseguir con sus estudios de piano y composición. Desde hace algunos años ha venido recibiendo clases del maestro Tragó, para lo cual se trasladaba durante unas semanas desde Cádiz hasta Madrid; ahora, estas clases tienen una cierta continuidad. El maestro José Tragó había nacido en Madrid, en 1857 y murió igualmente en Madrid en 1934; eminente profesor de piano del Conservatorio, al igual que la sevillana Pilar Fernández de la Mora (1867-1925). Ambos crearon sendas escuelas pianísticas en las que se formaron a su vez grandes maestros del piano: en la de Fernández de la Mora, José Cubiles; en la de Tragó, Manuel de Falla y Joaquín Turina.

No puede decirse con propiedad que Falla fuese alumno del Conservatorio de Música de Madrid, ya que no asistió a clase. Su edad, su preparación en Cádiz y las clases particulares que recibía hicieron que los siete años de carrera los cursara en tan solo dos y consiguiera, además, el primer premio en el concierto de fin de carrera (1899).

Falla fue un excelente pianista, un virtuoso, aunque llevado por su sencillez y humildad nunca lo aceptó;

pero sí lo reconoció el público, quien en más de una actuación se puso en pie para aplaudirlo al final de su interpretación. También brilló como director de orquesta y los músicos apreciaron sus exigencias, a la vez que el público pudo apreciar la sublime calidad del resultado. Pero Falla quiso, sobre todo, que se le reconociera como compositor y esta es, indudablemente, la faceta por la que ha pasado a la historia.

Desde muy niño improvisaba música, pero hasta los nueve años no comencé seriamente. Mis estudios no comenzaron hasta los dieciséis años, edad en que se reveló mi vocación de modo terminante: mis primeros ensayos fueron de música de cámara (para trío, cuarteto, quinteto, etc.) hechos cuando no tenía terminados mis estudios, pero considero mi primera obra La vida breve, compuesta en 1904-1905. Así declaraba Falla en 1928.

Primeras composiciones

Falla reconoció siempre como su Opus 1, es decir, como su primera obra catalogable la ópera *La vida breve*. No obstante, a su llegada a Madrid traía bajo el brazo un puñado de partituras que, junto a otras que compondría ya en la capital en estos primeros años, configuran lo que Gerardo Diego acuñó como el *Premanuel de Antefalla*: ejercicios o ensayos de composición.

Como consecuencia de la vida social en los salones de don Salvador Viniegra y el estímulo de este y del señor Quirell surgieron las primeras composiciones, piezas de salón tan al gusto de la época: *Melodía para violonchelo y piano, Nocturno, Gavott...*

44

Son piezas breves con el piano como instrumento único o principal. Luego, ya en Madrid: *Cuarteto con piano en sol mayor, Mireya* (para conjunto de cámara), *Mazurca para piano en do menor, Serenata andaluza, Vals capricho.* Tiene particular interés que ya en 1900 escribiera dos canciones para voz y piano sobre rimas de Gustavo Adolfo Bécquer. La primera, *Olas gigantes*, con texto de la rima número 25, según el orden del manuscrito becqueriano del *Libro de los gorriones*:

Olas gigantes que os rompéis bramando
en las playas desiertas y remotas,
envuelto entre las sábanas de espuma,
¡llevadme con vosotras!

Ráfagas de huracán que arrebatáis
del alto bosque las marchitas hojas,
arrastrado en el ciego torbellino,
¡llevadme con vosotras!

Nubes de tempestad que rompe el rayo
y en fuego ornáis las desprendidas orlas,
arrebatado entre la niebla oscura,
¡llevadme con vosotras!

Llevadme, por piedad, a donde el vértigo
con la razón me arranque la memoria...
¡Por piedad!... ¡Tengo miedo de quedarme
con mi dolor a solas!

La segunda, ¡Dios mío, qué solos se quedan los muertos!, con las tres primeras estrofas de la rima 71 del citado libro:

Cerraron sus ojos,
que aún tenía abiertos;
taparon su cara
con un blanco lienzo;
y unos sollozando,
y otros en silencio,
de la triste alcoba
todos se salieron.

La luz, que en un vaso
ardía en el suelo,
al muro arrojaba
la sombra del lecho;
y entre aquella sombra
veíase, a intérvalos,
dibujarse rígida
la forma del cuerpo.

Despertaba el día,
y a su albor primero,
con sus mil ruïdos
despertaba el pueblo;
ante aquel contraste
de vida y misterios,
de luz y tinieblas,
medité un momento:
¡Dios mío, qué solos
se quedan los muertos!

En estas primeras obras se aprecia la influencia del piano romántico, en particular de Chopin, a quien siempre admiró profundamente, y de Liszt.

Pero Falla no pierde el contacto con su ciudad natal. Viaja con frecuencia y mantiene vivas las amistades. Y es en Cádiz donde sus amigos le organizan un concierto el 16 de agosto de 1899, en el Salón Quirell, que estaba situado en el número 10 de la calle Rosario, prácticamente frente a la Iglesia de Nuestra Señora del Rosario y la Santa Cueva. El programa está integrado en su totalidad por obras suyas. Allí tiene oportunidad de demostrar sus dotes de pianista y de compositor con un éxito sobresaliente. De nuevo, unos meses después, el 6 de enero de 1900, ahora en el Casino Gaditano se presenta con obras de Chopin, Weber y Wagner (en transcripción para piano).

Falla es admirado en su tierra, en contra de lo que pregona el viejo adagio. Sus paisanos siempre tendrán para él muestras de simpatía y de reconocimiento hacia su obra.

Juan Viniegra recoge en su libro sobre Falla un artículo publicado por el *Diario de Cádiz*, con fecha 28 de marzo de 1898, a propósito de uno de los conciertos del entonces joven músico en los salones de la casa de su padre: *Los primeros alientos de un genio musical que está en la aurora de sus no lejanos triunfos; oímos por vez primera la muestra más palpable de una inspiración que nace, aleccionada por el clasicismo más severo y serio en el que su intérprete y su autor han bebido, guiados por un concertista tan afamado como el Maestro Tragó.*

(...) Se reveló un genio en toda la extensión de la palabra, como lo hiciera en su infancia el mismo Mozart, cuando interpretaba sus creaciones en los salones de las Cortes Imperiales.

Cuanto íbamos escuchando, era inesperado: ¡Qué frescura la preparación del tema, qué gusto en su forma, cuánta

47

gallardía en su desarrollo; cuánta originalidad en las modulaciones y cuánta pureza de estilo y ejecución!

Independiente del estilo del periodista, tan característico e impersonal propio de la época, refleja la admiración que despertaban esas veladas cuando tenían como protagonista a Falla.

Sin embargo, estas primeras actuaciones y estos primeros pasos como compositor, apenas le reportan ingresos y él tiene necesidad de una independencia económica, sobre todo porque comienza a desengañarse del ambiente musical enrarecido que hay en Madrid, con sus rivalidades, sus círculos completamente cerrados, el desinterés por todo aquello que no sea la ópera... Vislumbra donde está el verdadero foco que irradia música a toda Europa, donde están los verdaderos maestros capaces de renovar las anquilosadas ideas musicales que predominan el comienzo de siglo: París.

Pero París está muy distante todavía, económica y musicalmente. Es preciso continuar trabajando en Madrid, con ahínco; formándose y formando a su vez a otros para disponer de algunos ingresos.

Y en Madrid, hay un género musical detestado por muchos compositores, pero que no obstante es el que más dinero produce: la zarzuela. Y a él se ven abocados más por necesidad que por vocación, aunque en algunas ocasiones el éxito y la calidad musical coronen el trabajo.

LA ZARZUELA

No pretendo negar (...) que algunas obras de nuestros compositores del siglo XIX (...) dejen de merecer respeto y hasta cierta admiración en determinados casos. Un género musical fue cultivado por ellos en el que se distinguieron brillantemente: el de la zarzuela; pero este género, mezcla de tonadilla española y de ópera italiana, no pasaba de ser un producto artístico de consumo nacional, cuando no puramente local. Tanto su sustancia musical como estructura tenían que ser fatalmente modestas en la mayoría de los casos, siendo por lo común escritas con insuficiente preparación técnica y brevísimo espacio de tiempo. Sus autores apenas perseguían otros fines artísticos que su pronta y fácil ejecución y su no menos comprensión por parte del público, y cuando alguna vez (en la zarzuela llamada grande, en la ópera y aun en la música religiosa) los compositores pretendían elevarse a planos artísticos superiores, caían, salvo raras e ilustres excepciones, en un pueril remedo de ese estilo italiano que marca el principio del período decadente de aquel gran pueblo musical. Esta era la opinión de Falla sobre la zarzuela y en general de los compositores del siglo XIX.

La génesis de la zarzuela como género musical se remonta al siglo de oro, si bien hay antecedentes en el siglo XV, en la musicalidad de las Églogas de Juan del Enzina y en las *Farsas* de Lucas Fernández.

Ya en el siglo XVII, durante el reinado de Felipe IV, fue construido un palacete en las afueras de Madrid, en un lugar donde abundaban las zarzas, motivo por el que fue denominado La Zarzuela. Estaba destinado al infante don Fernando, hermano del rey, quien lo utilizaba con su séquito en los días de cacería. Para amenizar las veladas acudían desde la capital grupos de cómicos que ofrecían representaciones y amenizaban el tiempo con canciones. Estos espectáculos fueron tomando cada vez una forma más compleja

49

en la que se alternaban los diálogos y las partes cantadas, formando ambas un entramado temático único.

Después de la marcha a Flandes del infante, el rey utilizó el palacete con los mismos fines, descanso en los días de caza con espectáculos que se denominaban *comedias de música*. Luego, tras el incendio del palacio, las representaciones se trasladaron a otros lugares y comenzaron a denominarse con el nombre genérico de *zarzuelas*, en clara alusión a las *fiestas de La Zarzuela*.

Las primeras obras de las que se tienen constancia, ya como zarzuelas, son de Calderón de la Barca, como autor del libreto: *El golfo de las Sirenas* (1657), en un acto; al año siguiente se estrenaría *El laurel de Apolo*, en los dos actos que desde entonces, y por espacio de un siglo, sería preceptivo. Un compositor que cabe destacar por esos años es el aragonés, de Calatayud, José de Nebra (1702-1768) quien ya en 1723 presentó en Madrid música para *La vida es sueño*; posteriormente escribiría numerosas zarzuelas, óperas o dramas armónicos. Hoy en día se conservan pocas obras suyas, entre ellas *Amor aumenta el valor*, obra conmemorativa, circunstancial y anecdótica, en la que la música de cada uno de los actos le fue encargada a un compositor, el primero de los cuales le correspondió a Nebra. Hay que reseñar también que fue maestro de Antonio Soler.

A partir de esas fechas, el género musical de la zarzuela inicia un sendero con distinta suerte, según la época; suerte que transcurre desde un éxito clamoroso y popular hasta casi un total olvido.

A mediados del siglo XVIII tiene un nuevo florecimiento popular gracias a los inspirados libretos de Don

Ramón de la Cruz, conocido autor de sainetes de ambiente castizo y madrileño. Luego sigue otro declive. Mientras tanto han tomado forma las denominadas *tonadillas escénicas*, obras musicales breves y sencillas que se ofrecían en los entreactos de las representaciones de obras de teatro dialogadas o al término de ellas, como fin de fiestas. Cabe destacar al compositor navarro, de Corella, Blas de Laserna (1751-1816) que compuso cerca de quinientas tonadillas (una de las mejor logradas y famosas es *El majo y la italiana fingida*) y más de doscientos sainetes y músicas para teatro.

Estas *tonadillas*, algunas con diálogos repletos de gracia y verdadera calidad musical, fueron evolucionando a mediados del siglo XIX hasta llegar a la zarzuela tal como es conocida en la actualidad: sucesión de escenas en las que se alternan los diálogos hablados con los cantados o meramente instrumentales.

Se puede afirmar que el iniciador e impulsor de la nueva forma de la zarzuela es Francisco Asenjo Barbieri (1823-1892): *Pan y toros*, *El Barberillo de Lavapiés*, *Jugar con fuego*, son títulos que se representan en la actualidad con verdadero éxito. Falla sentía una especial admiración por este compositor y por las dos primeras obras citadas porque recogían los aires de la danza y de la canción de finales del siglo XVIII.

Otro compositor de esta nueva etapa es Emilio Arrieta (1823-1894), quien escribe la partitura de *Marina*, primero como zarzuela para reelaborarla años después como ópera.

Durante un siglo aproximadamente se estrenan numerosos títulos, bastantes de los cuales han quedado consagrados por el éxito y las frecuentes reposiciones. Hay también en este siglo un claro intento de dotar a la zarzuela de una dignidad comparable a la de la ópera: tanto en los libretos, como en las partituras. Todo con un afán notorio de competir con la moda italianizante y de suplir, de alguna manera, el fracaso de crear una ópera española.

Pero también el público se cansó de estas obras serias que pronto se vieron suplidas por una música fácil y unos diálogos graciosos y chispeantes y, sobre todo, con una duración que no sobrepasara una hora de representación. Se llega así a lo que se denomina *género chico*, que tantos logros iba a conseguir. Más adelante se alternaría este tipo de obras con otras de duración normal y de una temática diversa que perduraría hasta mediados del siglo XX, en que ya no se producirán nuevos estrenos, reponiéndose con más o menos frecuencia las que se han dado en calificar de zarzuelas de repertorio.

Y es a finales del siglo XIX, en plena explosión del *género chico* cuando Falla irrumpe en Madrid. La necesidad de obtener ingresos le lleva a orientar su quehacer durante algunos años a la composición de la música de varias zarzuelas. La rentabilidad económica que originaban para sus autores estas obras ha sido motivo de numerosas críticas hacia los compositores, especialmente para aquellos a quienes el conformismo y el afán de lucro impidieron, de acuerdo con su capacidad intelectual, crear obras de verdadera envergadura que pudieran traspasar las fronteras.

Falla compone entre 1900 y 1904 seis obras teatrales (*de las que no quiero acordarme*, afirmaría el autor en unas declaraciones de 1914; en otro momento llegó a calificarlas de *pecados de juventud*): *La Juana y la Petra* o *La casa de tócame Roque, Los amores de la Inés, Limosna de amor, El cornetín de órdenes*, *La cruz de Malta* y *Prisionero de guerra*. Estas tres últimas en colaboración con Amadeo Vives. Esta colaboración debió ser mínima, tal vez en determinados planteamientos o revisiones orquestales; quizá fuera meramente nominal, para respaldar e introducir a un principiante. Resulta extraño que el nombre de Amadeo Vives no pudiera vencer la resistencia de los empresarios. La única que llegó a subir al escenario fue *Los amores de la Inés*, cuyo estreno tuvo lugar en el Teatro Cómico de Madrid la noche del 12 de abril de 1902 y llegó a una veintena de representaciones. El crítico de *La correspondencia de España*, reseña: *El autor de la música, señor Falla, revela en esta su primera obra teatral condiciones excepcionales de compositor, y es de creer que dichas facultades adquirirán en obras sucesivas mayor desarrollo*. También resaltó la crítica unas *carceleras muy sentidas e inspiradas*.

No se puede afirmar si fue para bien o para mal el hecho de que Falla no triunfara en la zarzuela; de una parte, hubiese visto resueltos sus apuros económicos y quizá elevado el nivel de exigencia del género con alguna partitura sobresaliente; de otra parte, tal vez se hubiera recreado en el éxito fácil y, lamentablemente para nosotros, privado de su posterior obra inmortal.

El maestro Pedrell y el maestro Lucas

Dos acontecimientos, uno de ellos aparentemente intrascendente, van a decidir la carrera musical de Falla en el año 1901. El primero sucedió un día indeterminado en el que Falla, dando un paseo, se acercó hasta lo que ahora conocemos como Feria Permanente del Libro Antiguo y de Ocasión. Una serie de casetas instaladas en la Cuesta de Moyano, al lado de la Glorieta de Atocha y resguardadas por la tapia del lado sur del Jardín Botánico de Madrid. Allí se pueden encontrar desde restos de ediciones hasta auténticas joyas para los bibliófilos, procedentes, en bastantes casos, de bibliotecas particulares que han sido desmanteladas por obras de reparación, modernización o derribo de casas o pisos antiguos, y que los actuales propietarios han vendido en lote, sin preocuparse en muchos casos del contenido detallado de dichas bibliotecas.

Uno de estos ejemplares antiguos llamó la atención de Falla y lo adquirió. Se trataba de *L'Acoustique Nouvelle*, de Louis Lucas. Un libro editado en París por Paulin et Lechevalier en 1845 y prologado nada menos que por Théodore Danville. Lucas estudia el fenómeno de la resonancia natural así como las formas de la armonía moderna, para referirse claramente al *wagnerismo* y a la aplicación de una teoría filosófica en la composición musical. Falla tiene sus propias ideas con respecto a esta teoría, que no concuerda con la de Lucas, pero no por ello deja de admirar a Ricardo Wagner. Por lo demás, el libro fue un verdadero descubrimiento: Subrayó párrafos, tomó notas, e hizo ensayos con las teorías que allí se exponían hasta el extremo de incorporar nuevos elementos musicales a sus composiciones. Falla trabajó a conciencia este libro, que había pasado inadvertido a varias generaciones, y que a él le sirvió de tanta ayuda; ayuda que siempre reconoció.

Pero si *L'Acoustique Nouvelle*, de Louis Lucas, fue un hito importante en la vida musical de Falla, en mayor escala lo fue su encuentro con Pedrell. A él acudió precisamente con el libro de Lucas, pero sobre todo con el ánimo de recibir clases y consejos del maestro catalán.

Felipe Pedrell es un caso bastante singular en la España del siglo XIX-XX, pues realizó una prodigiosa e inmensa tarea en todos los campos de la actividad musical, sin encontrar apenas reconocimiento alguno. Nacido en Tortosa (Tarragona) en 1841. Dotado de una enorme capacidad de trabajo, compuso numerosas obras entre las que destacan la trilogía dedicada a *Els Pirineus*, también *La Celestina*, *El comte Arnau* y otras óperas en italiano, castellano, francés y catalán, así como varios poemas sinfónicos, obras religiosas y otras composiciones instrumentales; escribió varios trabajos lexicográficos, estudios sobre algunos aspectos de la música española popular o antigua, varias colecciones de artículos de crítica y de estética musical; publicó el *Cancionero musical popular español* (4 vol.), *Hispaniae Schola Musica Sacra* (8 vol.), así como numerosas revistas; editó las obras de Tomás Luis de Victoria, también en 8 volúmenes, y otras recopilaciones; redactó catálogos, revisó archivos, fue director de orquesta, académico, profesor en el Conservatorio de Madrid durante 30 años, y estableció las bases de la musicología española contemporánea.

Un buen día Falla leyó en un número de la *Revista Musical Catalana*, órgano de la agrupación coral el *Orfeo Catalá* de Barcelona unas páginas en las que se recogía música de *Los Pirineos* de Pedrell que había sido estrenada recientemente en el Teatro del Liceo y comprendió que era el músico que él iba buscando:

Pedrell fue maestro en el más alto sentido de la palabra, puesto que con su verbo y con su ejemplo mostró y abrió a los músicos de España el camino seguro que había de conducir-los a la creación de un arte noble y profundamente nacional, un camino que ya a principios del último siglo se creía cerrado y sin esperanza.

Este es el homenaje que Falla rinde a su maestro en febrero de 1923, en un ensayo publicado en *Revue Musicale* de París.

Hace luego referencia, Falla, a las obras de Pedrell: la trilogía de *Los Pirineos* y al folleto complementario *Por nuestra música*, donde el maestro catalán expone sus teorías estéticas: *con la persuasión y el ejemplo demuestra su autor que el drama lírico español, así como toda obra musical que aspire a representarnos ante el arte universal, debe inspirarse, tanto en la fuerte y varia tradición española, como en el tesoro admirable que nos legaron nuestros compositores de los siglos XVI al XVIII.*

Y Falla desgrana en ese artículo el fundamento de Pedrell para apoyar sus ideas musicales: *Esas teorías tienen por base un axioma que el padre Antonio Eximeno enunciara a fines del siglo antepasado y según el cual, «sobre la base del canto popular debe construir cada pueblo su sistema artístico-musical». A esto añade Pedrell «que el carácter de una música verdaderamente nacional no se encuentra solamente en la canción popular y en el instinto de las épocas primitivas, sino en el genio y las obras maestras de los grandes siglos del arte». Enumera luego las condiciones indispensables a la nacionalización artística: «La tradición constante, los caracteres generales y permanentes, el acuerdo de diversas manifestaciones, el uso de formas determinadas, nativas, que una potencia tal, inconsciente, hizo adecuadas al genio de la raza, a su temperamento y a sus costumbres».*

56

El programa, como se ve, es contundente y decisivo; a él, repito, se ajustó desde entonces la producción del Maestro, y en un grado más o menos elevado, según las intenciones del compositor y a su fuerza de convicción, a él se ha venido también ajustando una parte importantísima de la producción española que marca muestro renacimiento musical.

Se detiene Falla en hablar de la obra, de la vida y de las injusticias sufridas por Pedrell en su larga vida hasta su fallecimiento en Barcelona el 19 de agosto de 1922. En un pasaje del artículo llega a afirmar: *Porque Pedrell amaba su arte con una vehemencia que rara vez he visto igualada. «La obra de arte —decía— la engendra el amor: el amor a Dios, a la patria y a nuestros semejantes».*

El resultado de la primera entrevista Falla-Pedrell en 1901 fue alentadora, aunque el maestro catalán se negó a darle clases, pero le ofreció a cambio la posibilidad de conversar con cierta periodicidad sobre música y sobre las composiciones del joven Falla; especialmente le abre la inteligencia para comprender hacia donde se dirige el piano en España, con Albéniz y Granados, así como las formas musicales desde el *lied* hasta el sinfonismo francés del impresionismo. Bajo su dirección trabaja en *La Casa de Tócame Roque* y en la canción *Tus ojillos negros*, en la que ya se advierte el matiz andalucista. También revisa sus obras anteriores y Falla dedica la *Serenata andaluza* a la Princesa de Asturias, quien le recibe en marzo de 1902.

Tus ojillos negros surge como consecuencia de la lectura de un poema de Cristóbal de Castro en la revista *Ilustración Artística*, de Barcelona. Falla, avalado por una tarjeta de visita con la recomendación de Pedrell, se presentó en el domicilio de Castro para manifestarle su admiración por la poesía aparecida en la mencionada publicación y pedía la autorización del autor para ponerle música. El texto, expresivo de la época, dice así:

Yo no sé qué tienen tus ojillos negros
Que me dan pesares y me gusta verlos.
Son tan juguetones y tan zalameros,
Sus miradas prontas llegan tan adentro,
Que hay quien asegura que Dios los ha hecho
Como para muestra de lo que es lo bueno,
De lo que es la gloria, de lo que es el cielo.
Mas, por otra parte, ¡son tan embusteros!
Dicen tantas cosas que desdicen luego,
Que hay quien asegura que Dios los ha hecho
Como para muestra de lo que es tormento,
De lo que es desdicha, de lo que es infierno.

Y es que hay en tus ojos como hay en los cielos,
Noches muy obscuras, días muy serenos.
Y hay en tus miradas maridaje eterno
De amorcillos locos y desdenes cuerdos,
Y entre sus penumbras y sus centelleos
Brillantes afanes y tus pensamientos,
Como entre las sombras de la noche obscura
Brillan los relámpagos con su vivo fuego.

Luces que parece que se están muriendo
Y que de improviso resucitan luego.
Sombras adorables, llenas de misterio
Como tus amores, como mis deseos.
Algo que da vida, mucho que da miedo.
Yo no sé qué tienen tus ojillos negros
Que me dan pesares y ¡me gusta verlos!

La canción tuvo una acogida muy favorable y pronto fue incluida en el repertorio de grandes intérpretes, en cuyos recitales figuró como una nota costumbrista de la 'Andalucía que comenzaba a ponerse de moda en los ambientes musicales, particularmente en el extranjero. En la actualidad existen también diversas grabaciones en disco y, a título de ejemplo, estaba incluida en el repertorio del desaparecido Alfredo Kraus.

La llamada del corazón

Del romanticismo de la canción *Tus ojillos negros* hay que desviar la atención hacia el romanticismo del corazón de Falla, pues el amor humano ha hecho sentir sus aldabonazos. Al menos, así lo cree él.

Es preciso remontarnos a sus años de juventud. Ya hemos hecho alusión a la formación espiritual de los jóvenes de aquella época: una espiritualidad basada de manera especial en el sentimiento y en el pietismo. Un catolicismo vivido por costumbre, pero sin un fundamento doctrinal y teológico profundo y arraigado. Y, sobre todo, una disociación entre la fe y el ejercicio cotidiano de la vida social, cultural, política y económica: Una falta de unidad de vida que a veces llegaba a contradicciones verdaderamente llamativas y poco ejemplares. No hay, desde luego, que generalizar, pero sí eran comunes estas actitudes escandalosas que perjudicaron seriamente a la influencia de la presencia de los católicos en la sociedad de la época. La disidencia religiosa de la juventud intelectual de finales del siglo XIX y comienzos del XX no se debe generalmente a la existencia de unas costumbres y formas de vida en exceso corruptas y depravadas, que sin duda alguna también ejercieron su papel, sino a la actitud anticlerical que se respiraba en el ambiente y que, en no pocas ocasiones, se mostró agresiva y beligerante; en el fondo de esta situación las causas hay que buscarlas, fundamentalmente, en la falta de unos pensadores de reconocida categoría, de unos teólogos de indudable prestigio; en resumen, unas personalidades del mundo de las ideas que compaginaran ejemplarmente la fe y la vida de fe para mantener el auge de la tradición del pensamiento católico que en el siglo XIX había dado nombres como Balmes y Donoso Cortés, que quedaban un tanto atrás, y un Menéndez y Pelayo que, aunque escribió prolíficamente y no pretendió elaborar una doctrina o un sistema filosófico propio, defendió públicamente y con valentía la tradición del pensamiento católico. Ni uno ni otros, en esta línea concreta, crearon escuela ni sirvieron de referencia en la formación de las generaciones siguientes debido a esa pobreza intelectual generalizada existente en la sociedad y a los continuos debates, cuando no ataques, a todo lo que guardara relación con la Doctrina o el Dogma de la Iglesia Católica. Baste con advertir la práctica ausencia de Dios, en el sentido vital, en una generación tan característica y cuajada de inquietudes como la del 98, preocupada del regeneracionismo, entendido más bien en el ámbito social y político, pero a quienes la idea de Dios no ayudó a enmarcar su vida cotidiana y, por tanto, a presentarla como línea maestra por la que regir y encauzar adecuadamente ese afán de renovación que afectó en la práctica a todos los ámbitos de la vida y que, sin embargo, no logró fortalecerse por esa ausencia del fundamento esencial de la fe.

Esta digresión sobre el ambiente religioso guarda relación con Falla porque precisamente no basó este periodo de su vida en falsos ideales regeneracionistas, sino que la idea de Dios estuvo, desde su juventud, muy presente en todas las actuaciones de su vida. Tal vez se debiera al ritmo de exigencia que el padre Fedriani imprimiera en su alma en la dirección espiritual, a veces, incluso de una manera brusca, pero eficaz; hay que tener presente que por su carácter dubitativo Falla fue siempre un hombre que necesitó a su lado un consejero capaz de serenar su espíritu. Esto no únicamente en aspectos de religiosidad sino también en los musicales y hasta en las cuestiones más cotidianas de la vida diaria.

La dirección espiritual del padre Fedriani se hizo notar muy particularmente en sus relaciones sociales. Aquellas reuniones, aquellas actividades los fines de semana en las que el grupo de jóvenes ocupaba las horas en expansiones artísticas y recreativas alejadas de la frivolidad, condujeron también a una ausencia de relaciones sociales, trato con chicas de su edad y de todo aquello que pudiera ser un peligro para su alma.

Hubo, si cabe denominarlo así, un amor platónico en su juventud. Lo refirió el mismo Falla años después cuando vivía en Granada a unos amigos íntimos y precisamente después de la visita de la dama de sus sueños acompañada de su marido, y en aquellas fechas ya convertida en abuela:

—*Era yo un chiquillo y de carácter tan tímido que nunca hice nada para que pudiera darse cuenta de la gran pasión que me había inspirado. Era mayor que yo, y creo que de haberlo sabido, se hubiera reído de mí. Sin embargo, fue durante algunos años, mi Musa inspiradora, y, pensado en ella, compuse una de mis primeras obras.*

No dejó de ser un sueño de juventud sin otra consecuencia que la música inspirada.

Sin embargo, transcurrido el tiempo y ya una vez en Madrid, el tema tomó otro cariz. Falla tiene veintisiete años, su vocación musical está ya orientada y comienza a dar sus frutos, aunque dista mucho todavía de tener una posición estable; no es pues de extrañar que en esa época despierte en él el amor. No fue un enamoramiento repentino el que irrumpiera en su vida. Se trata de una chica, María Prieto Ledesma, con la que le une un cierto parentesco y por tanto a la que trata con cierta asiduidad. En un momento determinado Falla descubre un sentimiento que sobrepasa la amistad, pero duda y para asegurarse de la actitud a seguir escribe al padre Fedriani. No se conservan estas cartas, pero sí las respuestas del sacerdote. Ya a finales de 1904 Falla ha planteado sus dudas al sacerdote, quien le escribe:

...debías acabarte de manifestar a esa persona para saber a qué atenerte pues podría haber algo de ilusión en tu apreciación y porque en todo caso ella debe saber tus pensamientos en el asunto. A ti no te pareció bien hacerlo y ahora me preguntas si haces lo que no tenías para qué haberme preguntado. El modo, tiempo, y ocasión, la que mejor y más oportuna te parezca, pero no dilatarlo.

¿Era el Falla dubitativo el que vuelve nuevamente a consultar para que el sacerdote le escriba tres semanas después?

—*Me parece bien lo que me dices de indicarle a esa persona tus sentimientos hacia ella. Así te aseguras de que sea cierto lo que hasta ahora no es para ti más que una duda o un deseo de que sea lo que deseas. El Señor haga que si te es lo destinado se arreglen las cosas a medida de tus deseos.*

Hubo desde luego alguna conversación en este sentido con María, porque Falla ha vuelto a escribir a Fedriani y de su respuesta, cada vez en un tono con más fuerza y energía, se desprende el resultado del descubrimiento de sus sentimientos hacia la joven:

—*Ha sucedido en el asunto lo mismo que yo me esperaba. Esa era la razón por la que deseaba que pronto lo descubrieras. Creo haberte dicho que una de las razones (para mí la principal) es saber si ella pensaba o mejor dicho sentía como tú creías, o no, y que hubiese ilusión por tu parte. Tú seguirás con ella como siempre. Puede ser, no obstante lo ocurrido, que algún día se realicen tus deseos. Desearía saber si ella ha dicho algo pues eso me daría a conocerla algún tanto. Si no ha dicho nada me agradaría más. Tú estate muy tranquilo y déjate de majaderías y tonterías que si está de Dios y cuando esté de Dios será y si no sucede para tu bien será. De modo que tranquilidad y absoluta indiferencia.*

Parece traslucirse que el no tener todavía una posición consolidada es causa influyente en la dilación de una respuesta clara con respecto a la relación entre los dos jóvenes.

El tema se prolonga todavía unos meses y a mediados de noviembre, lógicamente a instancias de las cartas de Falla, Fedriani vuelve a escribir:

—*Puedes sí, dilatar el declararte. Puedes también hacerlo ahora... como quieras. Pero tontería, suposiciones, averiguaciones, conjeturas, cavilaciones y demás del mismo jaez ridículo y necio, eso no y mil veces no.*

El enérgico y, tal vez porque así lo requería el carácter de su dirigido, a veces autoritario Fedriani impulsó, una vez más, a Falla a tomar una determinación: esperar sin más. Pero cuando al cabo de los años y de una larga ausencia de España, en la que había mantenido una cierta esperanza, la ilusión se truncó con la noticia de que María Prieto Ledesma había contraído matrimonio.

Falla no volvió a plantearse más a lo largo de su vida el tema matrimonial. Asumió su celibato con total consciencia y responsabilidad, ayudado de su profunda religiosidad, que se fundamentaba en la doctrina, en la oración, en los sacramentos y en el testimonio personal en todos los ámbitos de su vida. Podía Falla, cuando vivió en la bohemia o cuando le coronó el éxito, haberse extralimitado o vivido aventuras más o menos duraderas, con mayor o menor discreción; siempre estuvo rodeado de artistas y admiradoras entre las que no faltaban aquellas carentes de reparos morales capaces de hacerle sucumbir. Sin embargo, trató a todo el mundo con exquisita delicadeza hasta el extremo de que a veces el encabezamiento o despedida de una carta era objeto de numerosas correcciones para ajustarse a la palabra exacta que definiera su relación sin que hubiese posibilidad de malinterpretarse o prestarse a equívocos.

De hecho, no se conoce en su vida detalles que desdigan de su respeto y caballerosidad en el trato con las damas: ya fuesen de la alta sociedad, relacionadas con la vida artística, del grupo de sus amistades o personas que estuvieron a su servicio.

Dos concursos

Falla llega a Madrid en 1897, tiene entonces veintiún años y ya ha resuelto el tema del servicio militar: ha sido destinado a la reserva por estrecho de pecho. Esto le obligará a pasar sucesivas revisiones y revistas que en Madrid no ofrecían ningún problema, pero que en sus estancias en el extranjero le ocasionarán algún que otro problema.

En solo dos años, hasta 1899, hará los cinco cursos de la carrera en el Conservatorio con el resultado de premio de fin carrera, además por unanimidad. Durante mucho tiempo recordará el maestro Tragó la brillante interpretación que hizo el alumno de la *Gran Fantasía en Fa* de Félix Mendelssohn. El mismo maestro Tragó mostrará su admiración y sus esperanzas en el joven discípulo en una carta dirigida a Salvador Viniegra el 17 de diciembre de 1899: *Nuestro amigo Falla dejó (como ya sabe ciertamente) el pabellón puesto a gran altura en los exámenes y concursos de fin de curso pasado. Es un muchacho muy estudioso, muy concienzudo; de muy buenas condiciones artísticas y que seguramente le espera un porvenir muy lisonjero en nuestro difícil arte.*

Pronto enriquecerá su expediente académico con otros concursos. Uno, referente a composición: En el concurso abierto por el Conservatorio en el curso de 1902 a 1903, concediendo un premio de quinientas pesetas a la mejor obra escrita para piano para los concursos a los premios oficiales de asignatura consistente en un allegro de concierto de proporciones clásicas, se presentó una con el lema X que en virtud de haber sido calificado por el tribunal entre otras dignas de mención, abierto que fue por la comisión el sobre del mencionado lema resultó ser el interesado D. Manuel María de Falla. Hay que reconocer que la derrota no empaña en absoluto la figura de Falla porque el concursante que se alza con el triunfo es nada menos que Enrique Granados (1867-1916), quien ya tenía tras de sí una dilatada carrera artística tanto en la faceta de compositor como de intérprete; había recorrido Europa dando conciertos, después de estudiar o escuchar los consejos de los más importantes músicos durante sus estancias en Barcelona y París.

Otro de los concursos será de interpretación: «Verificó los ejercicios del Premio Ortiz Cussó organizado por el Conservatorio correspondiente al curso de 1904 a 1905, siéndole adjudicado por el tribunal por unanimidad el referido premio, consistente en un piano de la expresada casa, tipo gran cola, modelo de concierto, señalado con el número 19.382». Esta es otra de las notas que figuran en su certificación académica.

Pero el desarrollo de este segundo concurso tiene una historia más compleja puesto que se mezcla con un tercer concurso. La cronología de los hechos es la siguiente: La Real Academia de Bellas Artes de San Fernando convoca el 5 de julio de 1904 un concurso para premiar a siete obras: una ópera española en un acto; una composición orquestal, inspirada en cantos, tonadas o bailes populares de las provincias de Valladolid, Palencia, Soria, Segovia, Ávila, Salamanca y Zamora; un canto patriótico militar y tres cantos escolares (uno patriótico, otro religioso y otro de carácter moral). El eco de este concurso había encontrado apoyo en la Familia Real y otros mecenas de las artes, a juzgar por los donativos aportados para la dotación de los premios:

S. M. el Rey Don Alfonso XIII	1.500 pesetas
S. M. la Reina Maria Cristina	1.000 pesetas
SS.AA.RR. los Sermos.	
Príncipes de Asturias	750 pesetas
S.A.R. la Serma. Sra.	
Infanta Doña Isabel	1500 pesetas
Sres. Dotesio y Compañía	500 pesetas
Excmo. Sr. Marqués de Tovar	250 pesetas
Real Academia de Bellas Artes	
de San Fernando	1.000 pesetas

La dotación del premio a la mejor ópera española en un acto era de dos mil quinientas pesetas, de las que el setenta por ciento corresponderían al autor de la música y el otro porcentaje al autor del libreto.

El polémico, por lo que después se comprobará, artículo noveno de las bases decía que *la Academia habrá de procurar que las obras premiadas sean ejecutadas públicamente, con la debida brillantez, en un teatro de Madrid. En esta primera representación, si se efectuara, la Academia quedaría exenta de satisfacer a los autores los derechos que, como tales, hubieran de corresponderles.*

El plazo de entrega finalizaba el 31 de marzo de 1905 antes de ponerse el sol. Falla considera el concurso como una oportunidad decisiva para expresar la fuerza musical que lleva dentro y, sobre todo, para manifestar su apoyo a la idea de la ópera española por la que varias generaciones venían luchando. Lo primero era encontrar un libro adecuado. Un día Falla leyó en la revista Blanco y Negro una poesía de Carlos Fernández Shaw, *El chavalillo*, y consideró que aquel tema podía ser el fundamento del libreto y desarrollarse como tal.

Carlos Fernández Shaw, gaditano como Falla y cuyas familias tenían relaciones, había nacido en 1865, era un conocido poeta y autor de libretos de ópera y de zarzuela a los que habían puesto música los maestros más destacados de la época. Sus éxitos más renombrados fueron la ópera *Margarita la tornera*, con música de Ruperto Chapí, y, en colaboración con José López Silva, una de las joyas del género chico, inmortalizada por la música de Chapí: *La Revoltosa*. También como poeta destacó, aunque su poesía carece de verdadero interés y originalidad como la mayoría de la encuadrada en el formalismo de final del siglo xix; murió en Madrid, en 1911. Más éxitos cosechó su hijo Guillermo, periodista y dramaturgo, autor de algunos de los libretos de zarzuelas más representativas del género y que aún continúan entre las más célebres del repertorio: *Doña Francisquita*, con música de Amadeo Vives; *Luisa Fernanda*, con música de Moreno Torroba; *La tabernera del puerto*, con música de Sorozábal; ...

Carlos aceptó el reto y en poco tiempo le ofreció a su paisano un texto con el título de *La vida breve*. La acción se desarrolla en Granada y el leitmotiv gira en torno a una copla:

Malhaya la jembra pobre
Que nace con negro sino;
Malhaya quien nace yunque
en vez de nacer martillo.

Falla se entrega por completo a la composición de la música, y quiere ambientarse del aire granadino para impregnar la partitura del más puro realismo. No le es posible viajar a Granada y por eso pide a sus amigos granadinos descripciones que le permitan captar la síntesis que quiere plasmar en el pentagrama. A veces tiene que conformarse con ideas muy generales como las que le escribe Antonio Arango el 8 de septiembre de 1904:

> *Siento no poderte dar muchos detalles de lo que me pides de Granada, pues de allí vi poco y oí menos.*
>
> *Concretando: el Albaicin, según tengo entendido es un barrio extremo de la ciudad, que por cierto está en cuesta y son muy pintorescos estos sitios llamados "las cuestas del Albaicin".*
>
> *Tengo dos tablitas pintadas por un granadino que representan, la una, dos vallados cubiertos de higuera de chumbos, muy bonito paraje, y la otra, una calle, que acaba en una iglesia; los balcones de las casas son antiguos y las farolas o percantes son las apropósito para quinqués de petróleo. Ambas son vistas del Albaicin. Respecto a pregones, casi no recuerdo ninguno.*
>
> *La fuente de donde dices que es buena el agua, es la del Abellano; pero esta no creo que se venda a gritos por la calle, sino que la trae un tío en cántaros desde la fuente y en un borrico y se sitúa en donde ya lo van a buscar sus marchantes. Lo que si se pregona es ¡agua de los algibes de la Alambra! En un tono que casi es rezado y con un deje un poco parecido al de los cubanos, que es como casi todo el mundo habla allí.*
>
> *Mucho siento no poderte dar más detalles de Granada; pero chico, son ya 10 años los que hace que estuve y la memoria no me es fiel.*

Desde que unas décadas antes los escritores viajeros y posteriormente los románticos pusieran de moda el exotismo oriental, el gusto por el alhambrismo, las estampas sobre el Sacromonte, el Albaicín, el Generalife y sus jardines, la Alhambra y sus encuadres llenos de misterio y de fantasía, los rincones típicos de Granada, los elementos decorativos y utensilios utilizados por la cultura de cinco siglos atrás se convirtieron en motivo de inspiración para dibujantes, pintores, escritores, músicos y hasta para decoradores, pues no había casa o palacete que se preciara en la que no existiese la sala o el rincón de arabescos.

Falla quiere impregnar su obra de ese ambiente misterioso en el intermedio, que apenas llega a siete minutos; para ello requiere un decorado con una vista de Granada desde el Sacromonte con una luz que va amortiguándose para dejar transcurrir desde el atardecer al anochecer, en el que ya sin luz cae el telón. Las calesas circulando por las calles y plazas soleadas, los murmullos lejanos, las risas de las muchachas jóvenes y los susurros de sus adoradores. Todo el ambiente burgués de la ciudad queda reflejado en los compases que llenan esos minutos descriptivos del más puro verismo. Verismo que llena toda la obra, si bien con un argumento tópico, en el no faltan unas pinceladas de protesta social:

Ande la tarea, que hay que trabajar;
Y pa que disfruten otros,
nosotros, siempre nosotros,
lo tenemos que sudar.

¡Malhaya el hombre, malhaya,
que nace con negro sino!
¡Malhaya quien nace yunque
en vez de nacer martillo!

Falla trabaja infatigablemente en la ópera, evocando la Granada de sus sueños, cuando a primeros de 1905 se convoca el concurso de la Casa Ortiz y Cussó, fabricante de pianos, de Barcelona, la cual, a través del Conservatorio, quiere premiar a la mejor ejecución de un extenso programa que comprendía obras de Bach, Scarlatti, Chopin, Beethoven y Schumann; además, una obra de libre elección a elegir entre *La Campanella*, de Paganini-Listz y el *Estudio de Vals*, de Saint-Saëns.

El maestro Tragó le anima a presentarse. Falla se lo piensa: el plazo de inscripción finaliza el día 1 de abril, justo al día siguiente de la finalización del plazo para la presentación de la ópera; no tiene tiempo de preparar un programa tan extenso como ambicioso. Sin embargo, Tragó le estimula y le ofrece para estudiar el piano del Conservatorio, el mismo en el que han de realizarse las pruebas. Falla valora la necesidad de un piano propio y evitar la necesidad de verse obligado a trabajar como hasta ahora en uno de alquiler mal afinado. Acomete la preparación del programa, aunque sus dudas y su falta de seguridad hacen que retrase la inscripción hasta el último día.

Le faltan horas a sus días para poder abarcar el trabajo de composición y de interpretación. Su ideal artístico le hace dar preferencia al primero. El día 31 de marzo se aproxima y a la ópera le queda mucho por hacer: la orquestación y la copia de la partitura para presentarla. Falla, tan escaso de medios, no puede permitirse un copista que le supla en un trabajo meramente material, así que emprende la tarea y a dos días del final del plazo y quedándole aún una buena parte por copiar advierte que en la partitura de orquesta no había puesto la letra debajo de las notas del canto. Ya no hay tiempo para suplir el lapsus a no ser que alguien le ayude; y naturalmente los hermanos están para eso: Germán, que no conoce nada de música, pero tiene muy buena voluntad, se presta a ello. Falla le explica lo que tiene que hacer y Germán exclama:

—*¡No faltaba más! Es fácil: lo hago yo.*

Comienza la tarea con el más acendrado optimismo y así pasan la tarde y parte de la última noche antes del fin del plazo perentorio. Las del alba serían cuando Falla, en un breve receso en su tarea, examina el trabajo que está realizando Germán y con gran pavor advierte que las primeras páginas son correctas, pero poco a poco su hermano ha ido desplazando la exacta correspondencia de sílabas y notas y ha colocado las sílabas del texto incluso en los silencios y en los compases de espera. Todo el trabajo se viene abajo, es la debacle. ¿Qué hacer? Materialmente ya no es posible corregir nada; así que el original es presentado con una nota explicativa en la que se manifiesta que, *debido a la premura del tiempo, el autor hubo de encargar la copia de la parte vocal a un copista quien, por no conocer suficientemente la música, dispuso mal, en algunos pasajes, la letra. Y espera que el Jurado se hará cargo de que tales incorrecciones no son imputables al autor.*

El padre de Falla, don José, será quien presente la obra minutos antes de finalizar el plazo. Hasta aquí la primera parte de la aventura; la segunda, más atrevida e intrigante tuvo lugar días después.

Volvamos al desarrollo del concurso de interpretación. Falla se ha inscrito el último día y le corresponde actuar en último lugar. Se han presentado treinta pianistas, todos ellos de reconocidos méritos. Tiene por tanto unos días más para preparar el programa. Como obra de libre elección escoge el *Vals* de Saint-Saëns.

Comienzan las actuaciones bajo la exigente atención del jurado formado por Tomás Bretón, presidente, como director del Conservatorio. El resto lo constituyen grandes pianistas y profesores de piano: Joaquín Malats y José Pellicer, de la Escuela Municipal de Música de Barcelona; Pilar Fernández de la Mora y José Tragó, por el Conservatorio de Madrid; finalmente, María Cervantes, por la casa Ortiz y Cussó.

Como en todos los concursos hay favoritos y en este caso es el catalán Frank Marshall, discípulo predilecto de Granados y sucesor de este no solo en su escuela pianística, sino que, tras su muerte, se hizo cargo de la dirección de la *Academia Granados* que el maestro tenía en la ciudad de Barcelona.

Marshall actuó también de los últimos. Ese día, la sala estaba completamente abarrotada de admiradores del gran pianista y estudiantes del Conservatorio. Su sola aparición en la sala cautivó a los presentes: era el primero que se presentaba vestido de correcta etiqueta. La tensión creció más cuando bajó el atril y se dispuso a tocar todo el programa de memoria. Comenzó la interpretación de las obras con un estilo correcto e impecable; mas cuando llegó a *La Campanella* con ese estilo tan propio y singular suyo la emoción se apoderó de los presentes, jurado incluido, hasta el extremo de que al término de su actuación se elevó un clamor y una cerrada ovación puestos los asistentes en pie considerando que ya había ganador del concurso. Falla será uno de los primeros en lograr acercarse a él para felicitarle. Este detalle será el comienzo de una gran amistad entre los dos hombres, cuyas carreras artísticas se cruzarán en numerosas ocasiones a lo largo de sus vidas.

Pero quedaba por escuchar al resto de los concursantes. Falla no se arredró ante el éxito de su contrincante, es más, pensó cambiar la obra de libre elección, pero materialmente ya no había tiempo; Tragó le animaba. La víspera acudió a su maestro para consultarle algunos detalles materiales sobre su presentación:

—*Don José, en vista de la presentación tan fastuosa de Marshall, ¿cómo cree que debo presentarme, de americana o de smoking?*

Y el maestro Tragó, hombre de pocas palabras, le respondió secamente:

—¡¡De dedos!!

Y llegó el día final y por tanto la actuación de Manuel de Falla, quien vestía de smoking. Naturalmente no había tanto público como en la actuación de su famoso contrincante, pero los asistentes guardaron un recuerdo imborrable de aquel memorable día porque nada más comenzar la interpretación la emoción se fue apoderando de los presentes. La ejecución vibrante, justa, profunda, arrebata a los oyentes. Al llegar a las páginas de Chopin y Schumann la sublimidad de aquellas notas hizo que algunos de los asistentes, incluida la propia Pilar Fernández de la Mora, sacaran los pañuelos para enjugarse las lágrimas. Tragó se movía nervioso en su asiento: aquello era mucho más impresionante de lo que él mismo esperaba. Tomás Bretón prefería desviar la mirada hacia lo alto para que no pudieran apreciar sus claros sentimientos.

Falla concluyó su actuación y con la misma sencillez con la que había aparecido, esbozó su habitual sonrisa, saludó al jurado y desapareció de la sala. Los miembros del tribunal tuvieron que deliberar bien poco y la unanimidad fue total: Manuel de Falla era declarado el ganador. La emoción contenida dio paso al entusiasmo y el pianista recibe ahora las aclamaciones del público. *Y el jurado, para honrarle, honrándose, le ofrece con toda voluntad un almuerzo,* nos dice Jaime Pahissa.

Este mismo compositor y escritor, amigo y biógrafo de Falla, llegó a afirmar a propósito de sus cualidades interpretativas pianísticas: *He oído tocar o acompañar a Falla en el piano obras suyas o de concierto, después de que habían actuado buenos pianistas; era como el sol después de la noche, parecía que entonces empezaba la música y el estilo, la dicción y el fraseo.* Esto lleva a la conclusión de que Falla nunca valoró su valía como pianista, tal vez por su carácter sencillo y humilde y tal vez, también, porque siempre quiso destacar su vocación de compositor.

La segunda parte del concurso de la ópera transcurre por los mismos días de la celebración del concurso de piano. Existen dudas razonables sobre si los hechos reales acaecidos en los días posteriores a la entrega de la partitura fueron planeados por el propio Falla o hubo otro instigador y cabeza pensante, pues conociendo el carácter del maestro no se concibe cómo pudo organizar aquella confabulación por la que el mismo Tomás Bretón, presidente también del tribunal de este otro concurso, aceptó de buen grado y voluntad las propuestas de Falla.

Los hechos los describe Jaime Pahissa en su biografía, revisada por Falla antes de su muerte, por lo que no se puede dudar de la veracidad: *Después de la presentación de la partitura y durante la preparación del concurso de* piano Falla visita a Bretón, *le habla de la partitura de* La vida breve *y le dice que es de un amigo suyo que vive fuera de Madrid, el cual le ha rogado que le fuera a ver para explicarle personalmente lo que le ocurrió con la copia, y preguntarle si ello no sería obstáculo para que su obra sea tenida en cuenta. Bretón cree, ingenuamente, lo que le cuenta Falla y le da seguridades para su supuesto amigo: "Dígale que esté tranquilo" —le contesta Bretón—. Todavía volvió Falla a visitar a Bretón para entregarle una carta del imaginario compositor, con unas correcciones a las más garrafales equivocaciones de copia, para que se junte a la partitura, cosa que con toda buena fe, acepta el maestro Bretón. Y tales fueron los mensajes y las enmiendas que se agregaron a este manuscrito que ya le llamaban "la partitura de los memoriales".*

Además de Tomás Bretón formaban parte del jurado los maestros Emilio Serrano y Manuel Fernández Caballero, quienes el 13 de noviembre emitieron su fallo: por unanimidad concedían el premio a *La vida breve*, que había sido presentada bajo el lema "San Fernando". A título de referencia añadiremos que la composición orquestal premiada fue *A mi tierra*, de Bartolomé Pérez Casas.

París soñado

Sin París yo hubiera quedado enterrado en Madrid, hundido y olvidado, arrastrando una vida oscura, viviendo miserablemente de unas lecciones y guardando, como un recuerdo de familia, en un marco, el premio, y en un armario, la partitura de mi ópera. Y todavía añadía algo más: *editar en España es peor que no editar; es como echar la música en un pozo.* Estas frases lapidarias no eran fruto de su estado de pesimismo, sino

76

que reflejaban una realidad palpable en las que las partituras dormían en las estanterías de los editores sin que estos realizaran el más mínimo gesto publicitario.

A los triunfos seguían períodos de desaliento, aunque ese espíritu de superación y de lucha se sustentaban en su tenacidad y en su fe fuerte y constante.

Falla ha mostrado sus dotes de compositor y también de gran pianista; en mayo de 1905 ha ofrecido dos conciertos en el Ateneo de Madrid, el día 4 y el día 15. En este último interpreta por primera vez en Madrid su *Allegro de concierto*. El programa de ambos fue el mismo del concurso de piano, en él figuraba la *Pastoral y capricho* de Scarlatti que luego será incluida en el método del curso superior de piano.

Falla demuestra sus dotes de gran pianista; el éxito y la crítica le son muy favorables; su nombre es objeto de comentarios positivos, incluso por parte de aquellos intrigantes que manipulaban los resortes de la vida musical y de quienes comienzan a verle como un posible rival. Y este no es el estilo de Falla, que es constante y perseverante en su trabajo, pero no es amigo de turbios manejos. Por encima de juegos y añagazas, que rehúye, quiere hacer prevalecer su valía, su talento, su profesionalidad, su maestría. Pero evita todo comentario sobre su persona y méritos que pueda parecer autocomplacencia y vanagloria. Siempre resaltará su personalidad empapada de modestia y humildad cristiana, virtudes que le acompañarán durante toda su vida.

Otro concierto memorable es el que ofreció Falla en el teatro de la Comedia el día 4 de febrero de 1907, en el que se incluían un grupo de obras a piano solo: *Kreislariana* y *Cuatro Fantasías,* de Robert Schumann; *Sonata en do sostenido menor,* op. 27, número 2, de Beethoven; *Balada en fa menor,* de Chopin; *Laufenburg,* vals, de D'Indy y *La Campanella,* de Paganini-Listz. El programa lo formaban también dos obras para piano y orquesta de cuerda, que dirigió el maestro Tomás Bretón: *Concierto en re menor,* de Bach y las *Danzas sagrada y profana,* de Debussy.

Este programa, en particular las obras francesas, le valieron una opinión muy favorable del crítico francés Juan Aubry en el sentido de que Falla era uno de los primeros pianistas españoles que prestó atención a la música francesa contemporánea. La crítica aparecida en la prensa destacó también sus cualidades: «*Se trata de un ejecutante de poderoso dominio del mecanismo y de un profundo conocedor del espíritu de los autores que interpreta*». Efectivamente, una vez más hay que resaltar su dominio del instrumento y su calidad de solista, pero a la vez su interés por ajustarse a la partitura tal como la concibió el autor. En el caso de las *Danzas sagradas y profana,* no contento solo con estudiar y profundizar en las anotaciones del compositor, escribió a Claude Debussy para pedirle algunas precisiones sobre la interpretación de las danzas. Fue el primer contacto con el maestro francés quien le contestó cortésmente y excusándose de no haberlo hecho antes por encontrarse en Bruselas preparando el estreno de su *Pelléas et Mélisande* en el teatro de La Monnaie; a continuación, le daba las indicaciones interpretativas que le pedía.

Aquellas apoteosis, aquellos triunfos, hubiesen bastado para que Falla se sintiese admirado y solicitado en España. No fue así. Son años de lucha. Y su lucha de manera particular se centra en el estreno de *La vida breve.*

En las bases del concurso se especificaba que la Real Academia de Bellas Artes de San Fernando *hará gestiones para el estreno de la obra*. Sin embargo, estas gestiones fueron lo suficientemente tímidas para que dieran resultado. Tal vez porque los responsables eran conscientes de la barrera infranqueable que suponía el estreno en el Teatro Real de una obra de autor español. Muy pocos, y con escasa fortuna, lo habían logrado hasta entonces.

Tanto Falla como Fernández Shaw realizaron a su vez diversas gestiones y aprovecharon, especialmente el segundo, recomendaciones de todo tipo, que resultaron estériles ante la pertinaz negativa de José Arana que era el responsable del Real durante la temporada 1905-1906, quien rehusó incluso escuchar la versión para piano y canto.

Los intentos llegaron a ofrecerla como zarzuela grande a teatros comerciales y hasta hubo quien sugirió que la presentaran con el libreto traducido al italiano. Era el imperativo de los tiempos. Todo inútil. La obra tendría que esperar varios años para que fuese estrenada y eso fuera de España.

Falla continua con sus clases de piano y armonía para poder contribuir con algún dinero a la precaria economía familiar. Los fines de semana se reunía en su casa con otros jóvenes de su edad, chicos y chicas, y mantenían animadas tertulias a la vez cantaban acompañados al piano (el de gran cola del concurso) mientras tomaban cerveza del barrilito que alguno aportaba, acompañada de algunas viandas sólidas, jamón serrano, queso o pasteles, con los que unos y otros también contribuían. A estas veladas asistía frecuentemente Juan Carlos Gortazar, a la sazón secretario de la Filarmónica de Bilbao. Después del concierto en el teatro de la Comedia los amigos le pidieron que gestionase un nuevo concierto en alguna ciudad del norte de España, con el mismo programa que tanto éxito le había proporcionado. En la negociación y posterior desarrollo de este concierto se encuentra el origen remoto del viaje a París. Pero, sigamos los acontecimientos. El concierto quedó fijado que sería en Bilbao y hasta allí viajó Falla. En la estación le aguardaba Gortazar, quien tras saludarle vino a arrojarle el primer jarro de agua helada:

—*No será usted solo en el programa; el que compartirá con usted el concierto es el violinista Kochansky, y tendrá que acompañarlo.*

No eran las circunstancias más adecuadas para negarse, así que con disgusto aceptó. Durante los ensayos Falla dominó con prontitud la parte de piano que le correspondía y el concierto, celebrado el 11 de enero de 1907, fue ciertamente un éxito. Después de recibir las felicitaciones, Kochansky le dijo:

—*Vamos a cenar juntos, esta noche, con mi empresario de París.*

El empresario presentaba una imagen deslumbradora y durante la cena Falla manifestó su deseo de trabajar en París. Con gran sorpresa, el francés le manifestó:

—*Yo se lo arreglaré: este verano le voy a combinar algunos conciertos en las principales villes d'eau.*

Falla regresa ilusionado a Madrid. Por fin se va a hacer realidad el sueño de adentrarse en el corazón de la vida musical europea. Estudia francés intensamente, actualizando su primer aprendizaje. Economiza sus gastos a fin de reunir todo el dinero posible para el viaje y los primeros gastos. Esto exigirá un gran esfuerzo a la familia, pues hasta su hermana Carmen tendrá que suspender las clases que está recibiendo; es un empeño de todos.

Pero transcurren las semanas y Falla no recibe noticias del empresario. Se decide a escribirle y este le contesta en unos términos poco estimulantes: no es tan fácil como pensaba. El verano está próximo. Falla insiste, le hace sugerencias. Al fin recibe una carta definitiva: *venga, que algo se va a arreglar; le esperaré en la estación.*

Inmediatamente emprende el viaje. Le acompaña hasta Vichy un amigo, quien le da una tarjeta de presentación para Pepe Viñes, ingeniero de una fábrica de aviones en París y hermano de famoso pianista Ricardo Viñes. Horas más tarde llegaba a la estación de Quai d'Orsay y su primera impresión fue desoladora al comprobar, después de una larga e inútil búsqueda, que allí nadie le espera. Solo, desconocido y desconocedor de la ciudad, escaso de dinero, sus sueños se tambalean porque ante él se abre el olimpo de París, un gigante que puede tragarle sin que él lo advierta, y sin poder ofrecer, tampoco, la menor resistencia.

II.
AÑOS DE PARÍS

Los maestros

Cuando Falla llega a París, el ambiente musical se encuentra dividido en dos grandes corrientes, con no poca rivalidad entre ellas y manifestándose esa dualidad no solamente en las composiciones musicales sino también en los escritos sobre teoría musical: el Conservatorio y la Schola Cantorum.

Habría que remontarse a mediados del siglo XIX para comprender el ambiente musical de comienzos del siglo XX, pero se hace necesario describir primeramente la situación política: el ambiente revolucionario en Francia, igual que en otros países de Europa, fue granándose poco a poco con un descontento de una parte del estrato social y tiene su raíz en sucesivas crisis económicas hasta que culminó en la revolución de 1848. El descontento de unos pocos genera una revuelta social que pronto prende la mecha y el reguero de pólvora que hace estallar a toda la nación. De París se extiende a toda Francia. La monarquía de Luis Felipe se siente incapaz de controlar la situación y cae sin apenas resistencia. La república comienza con éxito popular pero a la vez con incertidumbre. Surge entonces, como en la revolución de 1789, otro Napoleón, ahora es su sobrino Luis Bonaparte, quien apenas salta a la escena política se hace llamar Luis Napoleón. Elegido presidente democráticamente practicó una política conservadora que fue del agrado del pueblo. En 1851 da un golpe de estado proclamándose presidente vitalicio y un año después, tras un plebiscito muy participativo, se convierte en emperador: Napoleón III.

Comienza así un período de tiempo conocido como el Segundo Imperio en el que las artes cobran un nuevo impulso. La música instrumental que hasta entonces había tenido como una dependencia de Alemania adquiere una forma propia y un auge particularmente gracias al romántico Héctor Berlioz.

Héctor Louis Berlioz había nacido en La Côte-Saint-André, Isère, en 1803. Su padre le proporcionó una esmerada educación, incluso musical, pero le orientó hacia la medicina. En 1821 lo envía a París para estudiar esta ciencia, pero el joven Héctor siente la atracción de la música y un año después abandona la medicina para consagrarse del todo a los estudios musicales. Recorrió gran parte de Europa y mantuvo amistad con los músicos románticos de la época: Mendelssohn, Liszt... Compuso tanto música para la escena como música vocal e instrumental; entre la primera se encuentra *Benvenuto Cellini, Les Troyens à Carthage, Béatrice et Bénédict*; entre la segunda cabe destacar *Damnation de Faust, Grande Messe des Morts* (Réquiem), *Te Deum, L'Enfance du Christ*; en el grupo tercero sobresale fundamentalmente su *Symphonie fantastique*. Pero Berlioz realizó también una gran labor de crítica musical en la prensa y publicó dos obras pedagógicas bastante singulares: *Traité d'Instrumentation e d'Orchestration* y el *Art du Chef d'Orchestre*.

Este renacer de la música francesa, romanticismo francés, tras un extenso período de estancamiento del espíritu creador tuvo su continuidad de manera particular en Charles Gounod, en lo referente a ópera y música vocal, y en cuanto a música instrumental en Camille Saint-Saëns y en César Frank.

Héctor Berlioz murió en París el 8 de marzo de 1869 y meses después desaparecía el Segundo Imperio con la derrota, en la batalla de Sedan, de Napoleón III, quien también moría poco después. Pero los avatares políticos, la III República, no influyeron en el desarrollo y florecimiento de una generación de músicos que configurarían un nuevo romanticismo, paralelo al surgido en Alemania con Brahms y Wagner.

Un año después de la derrota ante Prusia, Saint-Saëns encabeza un grupo de músicos entre los que se encuentran Romain Bussine, Castillon, Fauré, Frank, Lalo y otros, que fundan en 1871 la *Societé Nationale de Musique* bajo el lema *Ars Gallica* (Arte francés) con objeto de defender esa corriente musical que se está forjando en Francia y que en un período corto de tiempo abriría la senda a otros jóvenes compositores.

Camille Saint-Saëns es el compositor francés más universal, no solo por su extensa producción sino también por su estética musical que se aproxima más a Haydn que a la música de su tiempo, es a la vez innovador y conservador. Gabriel Fauré escribió de su maestro: *No me parece necesario, cuando se trata de Saint-Saëns, alabar el cuidado, la dignidad de estilo, la superioridad de la técnica, la exactitud en la expresión, el interés orquestal. Porque casi no hay un músico en Francia o fuera de ella, cuyas obras sean, con el mismo grado que las suyas, una fuente de belleza y de profundas enseñanzas.*

Hay que reconocer que las obras de Ravel tienen su fuente en este compositor indiscutible.

Por su parte, César Frank, aunque en realidad era belga pero afincado en París desde los doce años, hombre religioso y trabajador, alumno del Conservatorio de París pese a su nacionalidad, legó a Francia en los últimos veinte años de su vida una obra original e influyente y unas ideas estéticas que se prolongan en el tiempo especialmente a través de su discípulo Vicent d'Indy, quien en 1896 crea con Charles Bordes la Schola Cantorum para la enseñanza de canto gregoriano, una alternativa al Conservatorio, fundada en el respeto a las formas clásicas y en el juego polifónico basado en el conocimiento de las antiguas reglas. La Schola, de la que d'Indy será su único responsable a los pocos meses de la fundación, se dedicó al principio al estudio de la música religiosa; pasado algún tiempo ampliará el programa y desarrollará sus actividades de manera fulgurante convirtiéndose en otro Conservatorio de fama internacional que competirá y polemizará con el oficial, existiendo entre los dos una mutua rivalidad con numerosos detractores y defensores.

Vicent d'Indy, aunque escribió más de un centenar de partituras, destaca fundamentalmente por su labor didáctica a través de sus clases y de sus escritos. Sobresale una biografía de su maestro César Frank donde recoge con auténtica devoción los rasgos de su carácter y sus virtudes, además de sus teorías musicales que no eran otras que las que la Schola propugnaba.

Pero el final del siglo xix produce una revolución en las artes con la irrupción del impresionismo: principalmente en la pintura, en la música y también en la literatura.

Manet, con su cuadro *Impresión: amanecer*, pintado al comienzo de la década de los setenta, es el que origina este movimiento al que denominan despectivamente con el nombre de la tela: Impresionismo. Así quedó acuñado la identificación de este estilo innovador de concebir el arte. Luego siguieron Pissarro, Sysley, Renoir... quienes experimentaron con la luz, los colores, las figuras o los paisajes representados.

En el campo musical también se produce una revolución: los colores instrumentales y la sonoridad cobran una especial relevancia. El efecto de crear una atmósfera, un estado de ánimo, una sensación de ensueño se plasma en las páginas de los compositores.

Y sin duda alguna, la figura que emerge briosa en este nuevo movimiento es Claude Debussy. Achille-Claude Debussy (este era su verdadero nombre) nació en Saint-Germain-en Laye, el 22 de agosto de 1862. Tuvo una vida muy azarosa desde su niñez hasta su muerte en 1918. Estudió en el Conservatorio y viajó prácticamente por toda Europa. Se relacionó con pintores y escritores de su generación. Su vida familiar y sentimental fue un continuo e inquieto desorden y causa de vaivenes económicos que le hicieron oscilar de la opulencia a la precariedad. En el aspecto musical admiró y trabajó bajo la influencia de las óperas de Richard Wagner, a cuyas representaciones asistió en sus viajes a Bayreuth; pero también se extasiaba ante el canto gregoriano y los grandes polifonistas como Palestrina o Victoria; a la vez tenía la capacidad de abstraerse al escuchar la música nativa de países exóticos. Todo ello lo asimiló y transformó creando unas obras originales que se impusieron y divulgaron con rapidez: *El mar*, *Imágenes* (que contiene *Iberia*), *Pelléas et Mélisande*, *Preludio para la siesta de un fauno*... son algunas de esas páginas brillantes creadas por el genio de Debussy.

Falla no ocultó nunca su admiración por este compositor. En julio de 1916, la *Revista Musical Hispanoamericana* publicó el Prólogo que había escrito para el libro de Jean-Aubry *La Música Francesa Contemporánea*. Allí demostró sus afinidades y sus antipatías:

> *Gracias a Aubry se sabrá al fin que, en realidad, la estética y los procedimientos son no solo diversos, sino hasta radicalmente opuestos entre los diferentes grupos que forman la pléyade admirable de compositores con los que se honra Francia.*
>
> *Se sabrá ahora de una vez, para siempre, la enorme distancia que separa a un Vicent d'Indy de un Claude Debussy; a un Gabriel Fauré de un Paul Dukas; a un Marice Ravel de un Albert Roussel o de un Déodat de Séverac... Se sabrá también que César Frank no ha debido jamás ser considerado como músico francés, y no solo porque naciera en tierra belga —que esto, después de todo, no pasa de ser un accidente de mera circunstancia—, sino porque ni su estética, ni sus procedimientos, ni sus predilecciones y modelos tienen la menor relación con los distintivos que marcan el carácter y el verdadero*

espíritu francés en cualquiera de sus manifestaciones artísticas y mucho menos en las musicales.

La influencia que César Frank y algunos de sus discípulos ejercieron sobre determinado grupos de la música francesa fue contrarrestada por la reforma debussysta, que constituye uno de los hechos más salientes de la historia musical contemporánea, no solo por las consecuencias que ha tenido en el arte musical de Francia, sino también en toda la música europea.

(...) La reforma debussysta ha constituido uno de los hechos más importantes que registra la historia musical contemporánea.

(...) No se me oculta que algunos de los más importantes revolucionarios actuales siguen una estética y unos determinados procedimientos que nada tienen que ver con la usada y los empleados por Claude Debussy. Pero estos novísimos medios musicales ¿se habían empleado, como ahora se emplean, de un modo sistemático, afirmativo y a veces casi exclusivo, antes de que Debussy, rompiendo las fuertes cadenas que aprisionaban a la música, diese a esta, libertad completa y probase que con esa libertad podía vivir con tanta lógica, con tanto equilibrio y con tanta o mayor perfección que en el período clásico?

Aún diré más: todos esos artistas que la han seguido en el noble empeño de conquistar para el arte sonoro nuevas formas y nuevos procedimientos, ¿no han tomado como base de sus especulaciones las conquista que en todos esos sentidos había ya realizado Debussy? Crean ustedes que al hablar de este modo solo me guía un sentimiento de estricta justicia.

Pero los elogios son también para Paul Dukas *que con la magia de su* Aprendiz de brujo *hizo vibrar en otros espíritus el sentimiento de una fantasía sonora realiza en obras admirables que sin aquel ejemplo tal vez no existieran.*

Y tiene, además, unas frases de reconocimiento al genio de Maurice Ravel: *A ese artista raro que tanto enseñó,* después de Debussy, la manera de cincelar el oro y de tallar las piedras preciosas de la música.

La identificación de Falla por estos autores no obedece a motivos de amistad sino al de la forma de concebir el arte de la música. En un artículo publicado en la *Revista Musical Hispanoamericana*, en diciembre de 1916, titulado *Introducción a la música nueva*, hace una síntesis de sus teorías musicales:

> *(...) El arte se ha formado y ha progresado gracias a sus obras y si, en determinados períodos de la historia de la música, lamentamos un relativo retroceso, aun en las obras de los grandes genios, ese retroceso no ha sido enteramente culpa de ellos, sino del medioambiente en que las obras se realizaron y de otros errores anteriores a la producción misma; errores que, al ser mantenidos y al formar tradición a causa de la inercia nefasta que tantos progresos ha paralizado, se impusieron en tal forma que las más grandes voluntades, cegadas —triste es decirlo— por la rutina imperante, se doblegaron sumisas ante ellos, sin sospechar que tenían fuerzas más que suficientes para destruirlos.*
>
> *Y esto es precisamente la gloria de nuestra época, a las que muchos llaman orgullosa para excusar su propia pureza, sin comprender que el esfuerzo de voluntad, sea o no coronado por el éxito, es y ha sido siempre pase de las virtudes más altas.*
>
> *De este esfuerzo por libertarse de viejas rutinas ha nacido la música nueva: la música libre de trabas y tutelas ajenas, que vive por sí y para sí y que aspira a realizar aquel ideal, que fue causa inconsciente de las primitivas manifestaciones del arte sonoro.*
>
> *(...) La música, como arte constituido, no ha empezado a existir hasta el siglo XI, y es, por lo tanto, el arte más joven de*

cuantos los hombres han formado. Hemos dicho arte consti-
tuido, refiriéndonos a la forma en que existe actualmente y en
la que ha existido desde dicha época, y claro es que nos referi-
mos a la música polifónica en el amplio sentido de la palabra;
es decir, a la música formada por dos o más líneas melódicas
paralelas. La música monódica, o sea la constituida por una
solamente, al mismo tiempo que la palabra y después que el
ritmo, puesto que este empezó a existir con la vida misma.

Y ahora veremos por dónde el presente musical vuelve a
unirse, en cierto modo, con el pasado más remoto, con el prin-
cipio natural de la música.

Vamos a ver cómo, en virtud de la fuerza misteriosa del
espíritu secreto de nuestro arte, la música novísima es pura y
simplemente la renovación de aquella otra por tantos siglos
olvidada; pero renovación, resurrección de tal modo realiza-
da, que al revivir aquel cuerpo que creíamos muerto, aparece
adornado por toda la riqueza que el artificio ha acumulado
durante tantos siglos, como si, obedeciendo a una mística as-
piración, hubiese ido tejiendo una túnica preciosa con que
revestir al cuerpo desnudo que había de resurgir radiante para
nunca más morir.

Porque, pese a los espíritus estrechamente conservadores,
la música continuará apartándose día por día del academi-
cismo, de la falsa retórica y de las fórmulas mezquinas, y los
nuevos compositores que aparezcan —los que con más o me-
nos fuerzas sientan latir en ellos el espíritu creador— seguirán
los pasos de aquellos que han forzado la entrada del camino
de verdad y libertad que conduce a la belleza pura, donde la
música triunfa por sí misma, redimida al fin por el trabajo y
hasta, en muchos casos, por martirio de algunos hombres de
buena voluntad.

(...) En cuanto a Wagner, si bien es cierto que utilizó en
"Parsifal" ciertas formas modales y aun temas de la liturgia

católica, no abandonó por eso la tradición protestante; esa tradición nefasta que ha sido la causa principal, sino única, del desprecio que el arte musical de la época llamada clásica sentía por la música anterior al siglo XVII.

(...) Con Modesto Mussorgsky empieza realmente a iniciarse la nueva era de nuestra música, y gracias a él, a Nicolás Rimsky-Korsakov, a Balakirev y a Borodin, las formas melódicas y las escalas antiguas, que, desdeñadas por los compositores, se habían refugiado en la Iglesia y en el pueblo, fueron restituidas al gran arte.

No olvidemos tampoco que este resurgimiento encontró un glorioso defensor y propagandista, tanto por sus escritos como por sus propias obras musicales, en mi ilustre y venerado maestro don Felipe Pedrell.

El espíritu y la tendencia de ese arte, que empezó a manifestarse de un modo preciso en las obras de Claude Debussy —como ya queda dicho—, llega hasta las de Igor Stravinsky pasando por Paul Dukas y Florent Schmitt, en algunas de sus admirables producciones; por Erik Satie, que ha sido en cierto modo un precursor; por Maurice Ravel, Isaac Albéniz, Zoltan Kodaly, Bela Bartok, Arnold Schönberg, Scriabin y otros de menor cuantía.

En todos estos compositores, de técnica absolutamente opuesta en muchos casos, encuéntrase una aspiración unánime: la de producir la más intensa emoción por medio de nuevas formas melódicas y modales; de nuevas combinaciones sonoras armónicas y contrapuntísticas, de ritmos obsesionante que obedecen al espíritu primitivo de la música, que no fue otro que el actual y el que siempre debiera haber conservado; un arte mágico de evocación de sentimientos, de seres y aun de lugares por medio del ritmo y de la sonoridad.

Falla es un hombre tenaz y luchador que ha sufrido numerosos contratiempos en su vida y esta soledad en la estación de Quai d'Orsay no le va a arredrar tampoco. Su equilibrada serenidad le hará sobreponerse y trazar la solución: Y la solución no es otra que localizar a Kochansky. Guarda cuidadosamente la tarjeta de presentación a Pepe Viñes para que tan pronto como las circunstancias sean posibles pueda entablar relaciones con su hermano Ricardo. Está dispuesto a recoger las experiencias de todos los artistas españoles que han residido o que actualmente residen en París. Será un aprendizaje duro, pero eficaz; sus predecesores tuvieron también que sufrir penalidades y situaciones comprometidas de las que han salido airosos. Ahí están Albéniz, Granados, Turina, Casals, Sarasate, Picasso, Sert, Zuloaga, Casadó, Rusiñol, Viñes...

Y la determinación es dirigirse al domicilio de Kochansky. Hace las averiguaciones pertinentes y se dirige en *metro* hasta la *Place Clichy*, cerca de la cual vive el empresario. Pero allí nadie le da razón de la calle por la que se interesa. No tiene otra opción que alquilar un coche, uno de esos viejos coches tirado por un caballo, y la pillería del cochero le hace pagar la novatada, pues le pasea por los contornos ante el abrumador desconcierto de Falla y, sobre todo, al temor de ver mermados ostensiblemente los escasos fondos con que cuenta. Poco tiempo después descubriría el engaño y las inútiles vueltas que le dio, cuando efectivamente el domicilio estaba muy próximo. El precavido de Falla iba anotando las calles por las que circulaban hasta que perdió el control por completo.

Una pobre casa, una angosta escalera hasta llegar al último piso, un destartalado apartamento y un pobre empleado de la empresa fue todo lo que encontró. La farsa del *empresario deslumbrante* vestido con abrigo de pieles, para impresionar al público español, quedó al descubierto. Y, no obstante, era con él con quien debía tratar. El pobre hombre le ofreció lo único que podía en aquel momento: un puesto de pianista y director de la pequeña orquesta de una compañía que va a representar *L'Enfant prodigue*, de André Wormser, autor premio de Roma de 1875 aunque poco más se cita de él. Falla, en circunstancias tan apremiantes acepta el ofrecimiento y ese mismo día inicia los ensayos pues la *tournée* es inminente: Norte de Francia, la Bretaña, Suiza, los Vosgos... y el fracaso de la organización que vuelve a París unas semanas después. Algunos francos para poder vivir un poco de tiempo y la grata experiencia de compartir trabajo e ilusiones con otros artistas, unos que querían abrirse camino como él y otros que recordaban un esplendor pasado y ahora decadente.

Antes de iniciar la gira vivió en la pensión Víctor Hugo, en la plaza del mismo nombre, pero a su vuelta a París se traslada al Hotel Kléber, en la Avenue Belloy.

Falla mantiene una continuada correspondencia con los suyos y para no inquietarles narra los sucesos un tanto edulcorados. Prueba de ello es la carta que al regreso de la *tournée* les escribe:

París, 16 de agosto de 1907
Queridísimos todos: apenas tengo tiempo, pero no quiero que pase el día de hoy sin escribirles. A mi llegada recibí la

postal de mamá y Germán, alegrándome mucho de que no ocurra novedad.

Yo sigo muy bien de salud, gracias a Dios, pues el viaje me ha sentado perfectamente, y de ánimo estoy también mucho mejor que hace un mes. Me piden ustedes recortes de periódicos y no puedo mandarles porque yo no he leído ninguno. Además, mi trabajo se ha reducido a L'Enfant Prodigue, en lo que he tenido verdadero éxito, pero no me ha sido posible tocar obras de concierto porque los pianos eran malísimos, y sobre todo, que ya es bastante, no tenía tiempo de estudiar, pues ha sido un viaje cinematográfico. En Martigny no había orquesta para la obertura y tuve que tocarla a piano solo, con éxito grande, tanto que continuaron los aplausos aun después de terminada la obra.

Además, particularmente, he recibido en varios sitios felicitaciones. Pero esta tournée, como la 2.ª serie que empezamos para el día 21 o 22, no puede considerarse más que como un escalón para cosas más importantes, y ya tengo en principio otra tournée verdaderamente artística para octubre, y de ella espero sacar unos mil quinientos francos o algo más. Es también cosa de Gandrille y será con una cantante de lieders (Schumann, Schubert, Greig, etc.). Puede resultar una tournée preciosa (…).

Será conveniente que descuelguen de mi cuarto el diploma y las fotografías para que no se estropeen con el sol. Esta mañana he estado estudiando en el salón de conciertos Pleyel, donde seguiré yendo todos los días; Mr. Lefatinre, que es uno de los jefes de la casa, es muy amable conmigo. ¿Quién me iba a decir a mí, hace unos años, que iba yo a estudiar en la misma Casa Pleyel en París? Aquí tenemos mucha mejor temperatura que en Suiza, que, aunque parece mentira, en Ginebra hace mucho calor; pero, ¡qué país! cuanto se piense es poco. Antes de irme contaré más cosas, pero hoy tengo que concluir. Para todos les envía un fuerte abrazo vuestro hijo y hermano. Manolo.

Pd. Estaré aquí hasta el 21 por lo menos. He escrito a tía Emilia a Madrid por no tener sus señas en Gijón. Mañana escribo a Pinilla sobre el piano Cussó.

Poco a poco se va abriendo camino, pero queda todavía pendiente el objetivo principal: dar a conocer su ópera a los grandes compositores. El verano retrasa estas gestiones, unos y otros se encuentran fuera de París. Habrá que esperar unos meses. Su estilo de vida es sobrio, una virtud que nunca abandonará; sus costumbres son sencillas y metódicas, a veces en exceso. En su primera etapa de París conoció la estrechez y la penuria, pero siempre se presentó con un aspecto digno y delicado en sus relaciones públicas. No cayó como otros tantos españoles y franceses, en la vida bohemia alejada de las normas y convenciones sociales tan propias de artistas y literatos que se traducía en muchas ocasiones en conversaciones y hábitos chocarreros o socarrones. Su religiosidad se acentúa al observar las costumbres licenciosas de París y aumenta las prácticas tradicionales de la ascética cristiana: oración, mortificación y frecuencia de sacramentos. No es un hombre apocado, si bien es tímido; pero sabe sobreponerse a esa timidez siempre que lo exigen las circunstancias.

De su forma de vida en la capital francesa tenemos un notable y descriptivo testimonio en la pluma de Melchor Almagro San Martín, publicado en el periódico *ABC*, el 6 de agosto de 1944:

Conocí a Falla en París hace treinta y dos años. Era el mes de enero. Yo acababa de llegar a la capital de Francia. Fui en busca de él a su albergue del hotel Kléber, en la rue de Belloy, no lejos de la Estrella. Se trataba de un hostal modestísimo. El músico habitaba en un cuartito del último piso, por el cual pagaba ¡un franco! diario. El lecho, el lavabo, el piano, una butaca, un armario y ¡pare usted de contar! «Hasta encontrar esta fonda —me dijo Falla— he necesitado andar de la Ceca a la Meca, como el judío errante. De todos sitios me expulsaban a causa de mi instrumento musical. Molestaba. Se quejaban los vecinos. En el hotel Kléber, al fin conseguí que me dejaran en paz. Nadie protesta de mi música. ¡Qué suerte! Silencio y tranquilidad. Aquí no se oye una mosca». Aquel día que lo conocí era cerca de la una cuando, invitado por él, salimos juntos para almorzar. «Yo como aquí cerca, en un restaurante, Chartier, me había dicho Falla. Es un sitio muy modesto». Entramos en la espaciosa sala y nos sentamos cerca de una ventana, que daba sobre la avenida de la Grande Armée, sobre cuyos árboles, en esqueleto invernal, y envueltos en vedijas de niebla sutil, se divisaban racimos de gorriones que se esponjaban en bolas para precaverse del frío. Falla, compasivo, a pesar de que él temblaba también bajo su gabancillo de entretiempo, transido por la frígida temperatura, salió a la intemperie para regalarles algunas migas, sustraídas a la propia pitanza. De regreso a la mesa me confesó que él gastaba en vivir la exorbitante suma de cinco francos diarios. De esmirriado tipo, con dos dientes rotos, y en toda ocasión un muy usado, aunque pulcrísimo traje negro, que completaba una corbata negra también, no tenía Falla un menor signo externo de persona extraordinaria. Confieso que entonces parecía mas bien, la verdad sea dicha, un fámulo recadero o sacristán de monjas. Hablaba poco y de cosas carentes de todo interés, sonreía de vez en cuando, mostrando sus mellas. Entre pausa y pausa, me dijo sin ningún entusiasmo aparente, su preferencia por los compositores franceses, especialmente Debussy, sobre los alemanes. También me comunicó su deseo, que decía ardiente, aunque lo expresaba con palabras frías, de residir hasta el resto de sus días en algún carmen de Granada. Habíamos terminado nuestro sucinto yantar. Salimos. El maestro distribuyó el pan que le quedaba entre sus amigos los gorriones y mirlos, quienes lo esperaban como todos los días, posados en los arbustos de la avenida. Hubo un loco revoloteo alrededor de Falla, en cuyo rostro, hasta ese momento de manera inexpresiva, se dibujó una sonrisa seráfica que irradió luz inefable. Entonces adiviné que tal hombre era como una dura cáscara de timidez y frialdad, bajo la cual ardía un alma grande. Falla en aquel instante reflejaba en su semblante la misma expresión de dulzura que había yo contemplado antes en ciertos santos del divino Fra Angélico. Hubiérase dicho «el poverino de Asís», redivivo en nuestros días, con un traje seglar, demasiado largo y excesivamente ancho. Años después aquel santo varón se reveló inopinadamente como uno de los más altos compositores musicales del mundo.

El *Olimpo* de París

Un encuentro trascendental tuvo lugar a primeros de octubre de 1907 en una sala de conciertos parisina. Años después lo recordaba uno de los participantes: *Colocados ya en la escena y con el arco en ristre el violinista Parent, vimos entrar a toda prisa y algo sofocado por la carrera, a un señor gordo, de gran barba negra y con inmenso sombrero de alas anchas. Un minuto después, y en mayor silencio, empezaba la audición. Al poco rato, el señor gordo se volvió hacia su vecino, un joven delgadito, y le preguntó:* —¿Es inglés el autor? —*No, señor, es sevillano* —*le contestó el vecino, completamente estupefacto. Siguió la obra, y tras la fuga vino el allegro, y tras el andante, el final. Pero terminar este y hacer irrupción en el foyer el señor gordo acompañado del vecino, el joven delgadito, fue todo uno. Avanzó hacia mí, y con la mayor cortesía pronunció su nombre: Isaac Albéniz. Media hora más tarde caminábamos los tres cogidos del brazo por los Campos Elíseos, grises en aquel atardecer otoñal; después de atravesar la plaza de la Concordia nos instalamos en una cervecería de la calle Real y allí, ante una copa de* champaigne *y pasteles a "la tomaité", sufrí la metamorfosis más completa de mi vida. Allí salió a relucir la "patria chica", allí se habló de la música con "vistas a Europa" y de allí salí completamente cambiado en ideas. Éramos tres españoles, y en aquel cenáculo, en un rincón de París, debíamos hacer grandes esfuerzos por la música nacional y por España. Aquella escena no la olvidaré jamás, ni creo que la olvide tampoco el joven delgadito, que no era otro que el ilustre Manuel de Falla.* Así escribía Joaquín Turina el 26 de septiembre de 1912 en el periódico *La Vanguardia*, rememorando aquel encuentro tan trascendental en su vida como lo fue el del 3 de octubre de 1907, en el Grand Palais de la Avenue d'Antin, tras el estreno de su *Quinteto, Op. 1, en sol menor, para piano y cuarteto de arco*, que había obtenido el Premio de la Sección especial de Música del Salón de Otoño de París.

¿Qué ha ocurrido desde la aventura de la *tournée* hasta este día otoñal de 1907, para que se produzca un cambio tan notable de acción, de decorado y hasta incluso de personajes? Falla ha luchado denodadamente y está logrando con creces los objetivos propuestos.

También de estas luchas y fatigas sabía Joaquín Turina. Falla y Turina se habían conocido en 1902, cuando ambos eran discípulos del maestro Tragó.

Joaquín Turina Pérez había nacido en Sevilla, el 9 de diciembre de 1882. Su padre era pintor de ascendencia italiana y quiso que su hijo se dedicara a la medicina, pero ante la inclinación musical de Joaquín le facilitó los medios necesarios, no en balde se trataba de una familia con una posición desahogada. Estudió piano con Enrique Rodríguez y armonía con García Torre. Ya en 1897 se presentó en la capital hispalense como pianista, cosechando notable éxito. Pero, igual que Falla, quería sobresalir en la faceta de compositor y marchó a Madrid con una ópera bajo el brazo: *La sulamita*. Inútil fueron también las gestiones para su estreno. Mientras tanto continuó estudiando piano con Tragó y allí nació su amistad con Falla. Estuvo también tentado a dedicarse a la zarzuela, pero el fracaso de su obra *Fea y con gracia* le hizo desistir y comprendió como tantos compositores españoles que el camino del éxito pasaba por París. Así que en 1905 se dirigió a la capital francesa donde estudió piano con Moszkowski y composición con Vicente D'Indy, en la Schola Cantorum.

Turina se hospedaba ya en el Hotel Kleber cuando Falla regresó de la tournée y se fue a vivir también a él. Pero el primero se encontraba de vacaciones en España. A su vuelta se encontraron los dos amigos y pudieron conversar desenfadadamente de España y de música, mas a la hora de trabajar comprendieron que se molestaban mutuamente, por lo que Falla decidió cambiarse a una pensión en la Avenida de Bois de Boulogne. Al año siguiente volvería de nuevo al Hotel Kleber.

Las últimas semanas del verano de 1907 son decisivas en la vida de Falla: es el encuentro con los *grandes* de la música. Puesto que ya había tenido relación epistolar con Debussy considera que es el primero al que ha de visitar. Se dirige a su domicilio y el portero le hace saber que el Maestro está aun de veraneo, pero que volverá en breves días. Determina entonces presentarse a Dukas y ocurre algo similar: veranea en Saint-Cloud, pero que viaja a París un día a la semana. Falla deja su tarjeta con el ánimo de presentarse el día determinado. Así lo hace y Dukas lo recibe con el escepticismo propio de quien tiene ante sí a un desconocido extranjero. Falla lleva la partitura de *La vida breve* y se ofrece a interpretar algún pasaje con la advertencia de suspender la audición a la menor indicación del Maestro. El español arranca por la primera página de la partitura y tras unos minutos al piano vacila y se detiene: considera que Dukas ya tiene un juicio formado y no quiere cansarlo más. Pero el Maestro le anima a continuar y Falla lo hace hasta el final.

Al terminar el Maestro comenta entusiasmado:

—*Esto lo vamos a representar en la Ópera Cómica.*

Falla no sale de su asombro. Es una reacción que sobrepasa todo lo que él imaginaba. Comentan la obra y añade que quiere estudiar instrumentación con él y asistir a las clases en la Schola Cantorum.

Dukas se ofrece a darle los consejos oportunos y a guiar su aprendizaje sin necesidad de asistir a la Schola.

101

Referente a la instrumentación le indica que estudie los métodos de cada instrumento, medio eficaz de conocer los recursos y las posibilidades de cada uno de ellos. Ese había sido el método que él había seguido.

Falla no salía de su asombro por el éxito de aquella primera entrevista plena de generosidad y desprendimiento por parte de Paul Dukas. Pero la despedida fue también sorprendente:

—¿Conoce a Albéniz?

Falla le respondió que aún no había tenido la oportunidad. A lo que Dukas añadió:

—Dentro de unos días he de comer con él. Le presentaré. Espere carta mía.

Falla no tuvo oportunidad de impacientarse con esa espera. A los dos días recibió una carta de Dukas:

—*Albéniz le espera mañana; lleve* La vida breve. *Yo iré más tarde.*

Isaac Albéniz se encontraba ya enfermo y en el ocaso de su vida y eso que por esas fechas tenía cuarenta y siete años, (había nacido en 1860, en Camprodón, Gerona). Pero era ahora cuando estaba ofreciendo sus páginas más inmortales: *Iberia*. Y es al final de su vida cuando palpa que esa música española contemporánea, de la que él es indiscutible fundador no va a quedar aislada sino que tendrá sucesores en esa escuela de la que él es el maestro: es la escuela española con la que tanto soñara Felipe Pedrell, a quien tanto admirara y de quien se sintiera discípulo. La vida de Albéniz responde, aunque tardíamente al patrón de gran pianista romántico al estilo de Liszt. El romanticismo español, desplazado en el tiempo con el resto de Europa, va a concentrarse en su *Iberia*. Es un gran españolismo romántico elaborado desde París, pero es precisamente desde la capital de Francia y por compositores no españoles como va a surgir este movimiento.

Albéniz tiene una intuición genial al elaborar sus piezas para profundizar en la misma entraña del pintoresquismo turístico español, eliminando la superficialidad folklorista y transformarlo en un nacionalismo de cuerpo y alma.

Pero Albéniz, que comenzó siendo un niño prodigio y llevó una vida plenamente romántica y aventurera, vendió su arte por el placer y la seguridad económica al firmar un contrato con el banquero Francis Burdett Money-Coutts (lord Latymer) por el que le aseguraba un apoyo económico generoso a cambio de poner música a los libretos que el banquero le facilitara. Gastó, pues, Albéniz gran parte de sus energías musicales en unas producciones que no pasaron de mediocres. No obstante, pudo el músico componer una serie de obras genuinas y características que culminaron con los cuatro cuadernos de *Iberia* en los que compendia la exaltación nacionalista despertada por Liszt, amén del afán constructivo de la Schola Cantorum de la que fue nombrado profesor, reinando así en el firmamento de los músicos franceses. Hizo renacer la influencia del romanticismo tardío de Gabriel Fauré, a quien tanto quería y admiraba, y el despertar del impresionismo; a esto habría que añadir los consejos del maestro Pedrell, junto a una presencia vital de la música del denominado *género chico*.

Cuando Falla fue a visitar a Albéniz, este ya había publicado los tres primeros cuadernos de *Iberia*, que fueron estrenados por la pianista Blanche Selva en la Sala Pleyel de París, el 9 de mayo de 1906, en Saint Jean de Luz el

11 de septiembre de 1907, y en casa de la princesa de Polignac en París el 2 de enero de 1908. El cuarto lo estrenaría en la Sociedad Nacional de París el 9 de febrero de 1909, unos meses antes de la muerte del compositor.

Albéniz recibió a Falla de manera cordialísima, era el anfitrión generoso y desprendido para todos los artistas españoles que acudían a París. Después de un rato de conversación comenzó la audición de *La vida breve*, e igual que en el caso de Dukas exigió que la tocara completa. Pasaron el día juntos, pasearon y hablaron de música y de músicos, destacándole el interés excepcional con el que Dukas le había hablado de él y la importancia que de ello se desprendía. Albéniz, por su parte, le hizo conocer el tercer cuaderno de *Iberia*, que acababa de publicar y se lo regaló con una dedicatoria personal.

Dukas llegó a la hora de la cena. El ambiente fue distendido y de plena confianza, como si fuesen viejos amigos.

Falla visitó a Albéniz muchas otras veces y en algunas aquellas visitas le fueron presentados los compositores más renombrados del momento, como Gabriel Fauré, a quien Falla se permitió comentar respetuosamente alguna insuficiencia de sus últimas composiciones, que Fauré aceptó complacido ante la perspicacia del joven español.

Faltaba por presentarse a otro de sus maestros admirados: Claude Debussy. Este ya había sido puesto en antecedentes por Dukas:

—*Ha venido a verme un petit espagnol tout noir.*

Falla titubea ante Debussy, la imagen que conservaba de él era de unas fotografías aparecidas en revistas años atrás y ahora había cambiado de aspecto. Falla, con una frase de cortesía, le manifiesta que siempre le había gustado la música francesa y la contestación del músico francés no puede ser más lacónica y desconcertante: *Pues a mí no.* Debussy le ofrece su amistad y le invita a que presente su ópera. Como anteriormente había sucedido con Dukas y Albéniz, el interés que despierta la partitura obliga a interpretarla completa. Al final, felicitaciones y promesas.

Falla está exultante: *Todo esto fue para mí como un dictado de la Providencia; algo sobrenatural que me ayudó. Si no, me hubiera pasado como a Vives.* Amadeo Vives decía: «A mí me va a ocurrir lo que a aquel caballero que le secuestraron los gitanos, y que no habiendo sido posible rescatarlo, se fue tornando como ellos hasta ser más gitano que los gitanos mismos».

La experiencia de Vives fue uno de los casos lamentables que se comentan al hablar de los valores y posibilidades de algunos de los personajes de la música española: poseedor de unas dotes excepcionales, de una extensa cultura y de una inteligencia privilegiada quedó prendido en el éxito fácil y popular de la zarzuela y cegado, valga la expresión, por los considerables rendimientos económicos que obtuvo. Se cita siempre como referencia la noche del estreno de su *Doña Francisquita*, en 1923, considerado como la apoteosis más clamorosa conocida en toda la historia del teatro español. Sin embargo, Vives, será recordado únicamente cuando se hable del apartado de la zarzuela y no de otros capítulos de la música sinfónica u operística española.

Otro encuentro con los personajes del momento, ahora otro español, es con Ricardo Viñes, que tiene lugar el 29 de septiembre de 1907. La tarjeta de presentación que en su día le dieron para el hermano de Ricardo ha surtido efecto. Aunque hablaron, cómo no, de *La vida breve*, la conversación se hizo extensiva a temas relacionados con la espiritualidad cristiana. Viñes acababa de sufrir una crisis religiosa que le había llevado a la conversión hacía apenas unos meses. Por otro lado estaba muy afectado por la muerte de su madre, a lo que había que sumar la influencia de las ideas apasionadas de León Bloy (1846-1917), un librepensador que vuelve a la fe en 1869; su fe no fue solo sincera, sino absoluta y agresiva. En 1887 publica su gran novela *La désespéré*; fue la primera obra de éxito que le acercó al gran público. En ella evoca sus años de incertidumbre hasta la conversión y otras experiencias en las que se mezcla lo profético, lo visionario, lo filosófico, a la vez que hace un cruel retrato del mundo literario de moda. El tono violento de la obra despertó la curiosidad de un público que en general no supo ir más allá de la apariencia panfletaria del libro; desde este momento será para muchos un *panfletario*, enardecido y apasionado. Sin embargo, su estilo literario es un reflejo de su carácter temperamental: violento, poco dado a la ambigüedad, inconmovible en su fe, piedra de escándalo para aquellos que vivían un catolicismo flojo y contemporizador con la política y las corrientes morales de la sociedad de su tiempo. En sus escritos Bloy pone de relieve los rasgos que prevalecen en su personalidad: un orgullo individualista, una furia antiburguesa y el ardor del creyente.

En sucesivos encuentros con Falla, dentro ya de un marco de estrecha amistad y confianza, Viñes hablaba continuamente de su experiencia religiosa y hay que reconocer la influencia que ejerció sobre Falla, quien en su vida y en algunas de sus cartas deja entrever estas ideas. Sin embargo, sirvió también de sustento a Falla, al ser de las pocas personas con las que podía hablar de las prácticas religiosas que tan importantes eran para ambos y de la necesidad de mantenerse alejados de la vida relajada, en el aspecto moral, que le ofrecía una sociedad bastante despreocupada, cuando no alejada, de Dios.

Pero no todo eran conversaciones sobrenaturales entre los dos personajes; el gran pianista le acercó al grupo de Ravel y a otras personalidades de su entorno. Ravel, que era un año mayor que Falla, vivía entonces en un pequeño estudio y en condiciones precarias. El tiempo y el éxito de sus obras le hicieron al poco tiempo cambiar de fortuna. Pero lo que no cambió fue la entrañable y sincera corriente de amistad que surgió entre los dos grandes maestros: Falla y Ravel.

CUATRO PIEZAS ESPAÑOLAS

El éxito de las audiciones privadas de *La vida breve* no tuvo como consecuencia su estreno inmediato. El proyecto tenía su complejidad y la primera dificultad que hubo que salvar fue la relacionada con el libreto: Puesto que se pretendía su estreno en Francia, el texto tendría que estar en francés. Albéniz, hombre de recursos y siempre dispuesto a ayudar, habló con Mr. Milliet, que era tesorero de la Sociedad de Autores de Francia. Un doble interés le había movido a escoger a este personaje: su capacidad intelectual y la influencia que desde su puesto pudiera ejercer. Firmaron un contrato que luego resultó muy favorable para el francés y con el que Falla acabó teniendo problemas al cabo de los años.

La idea era que el estreno se realizara en la Opera Cómica, por lo que organizaron una audición para Mr. Carré, a la sazón director del citado teatro. Nuevo triunfo y la promesa de ponerla en escena, aunque no podía asegurar la fecha ya que al tratarse de un teatro oficial subvencionado por parte del estado tenía el compromiso de estrenar un determinado número de obras francesas, por lo que los autores extranjeros tenían que esperar hasta que se cumpliera este límite.

Falla aprovechó los años de espera para realizar una revisión de la partitura, particularmente en lo referente a orquestación. Puso en práctica los consejos que recibió de Paul Dukas sobre instrumentación. No modificó nada del plan general de la obra, sino detalles que mejoraban la calidad técnica de lo ya escrito.

Pero mientras tanto Falla tenía que seguir viviendo. Sus recursos eran escasos e inseguros. Sus amigos, sus nuevos amigos, trataban de ayudarle solicitando ayudas, como el caso del grupo formado por Viñes, Ravel, Delage y Altermann que firmarán una petición colectiva que obtuvo una respuesta positiva por parte del marqués de Casa Riera.

En una carta dirigida a Salvador Viniegra el 13 de diciembre de 1907, le da cuenta de las diversas actividades que tiene que desarrollar:

El lunes 25 debuto en Luxemburgo como director de Orquesta. Veremos como resulto en esta nueva fase de mi labor, pues aunque en ensayos ya he dirigido, en público será la primera vez.

Y más adelante le hace otra confesión:

Las lecciones de piano y armonía, que es lo que daba en
Madrid, también empiezo aquí a tenerlas y mejor pagadas.
¡Diez francos por lección!

Los ofrecimientos a los que se veía sometido para obtener dinero eran tentadores, y a veces le costaba la negativa:

Me han ofrecido la Sociedad Nacional, por si pienso
hacer oír algunos trozos de orquesta (de La vida breve*),*
pero tanto Dukas, como Albéniz, me recomiendan que no
haga audiciones parciales, esperando el estreno total de
la obra. Cada vez me alegro más de haberme decidido al
fin a dejar Madrid, pues allí no había ningún porvenir
para mí.

Siempre optimista y esperanzado, pero confiando no solo en sus fuerzas y talento sino en la Divina Providencia, que velaba por su persona como él hacía a su vez de los gorriones a la puerta del restaurante Chartier en la avenida de la Grande Armée.

A veces, esos ánimos flaqueaban, dejaba escapar un gemido lastimero en forma de carta con quien sabía que podía comprenderlo: Albéniz.

París 11-1-1908
Si yo fuese el tío Sarvaor diría que tengo el negro sino de
no poderme poner a trabajar con tranquilidad ni aún sin
tranquilidad, que es lo peor, pues ha de saber Vd. que des-
de hace cerca de mes y medio apenas he tenido un día libre
para coger la pluma. Primero fueron unos malditos ensayos
de L'Enfant Prodigue y compañía, para preparar una función
que dio Mlle. Sandrini en Luxemburgo, donde también
tuve que hacer de director de orquesta, y ahora es la prepara-
ción de los conciertos en Bilbao y Oviedo, donde tendré que
tocar a fines de este mes sus tríos con Mirecki y Bordas.

Estoy desesperado, créame Vd. Yo, que salí de Madrid porque las lecciones no me dejaban tiempo para nada, estoy aquí, en cuanto a eso, peor que allí, pues todas mis ilusiones de ponerme a trabajar bajo su dirección de Vd. y la de Mr. Dukas han venido a tierra. Ahora, esto de Bilbao, podrá darme descanso para unos dos meses, pero después tendré que seguir como hasta ahora, aprovechando cuanto se me presente para seguir vegetando, que es lo único que se consigue de este modo de vivir. Aún tengo esperanzas de que se consiga lo de la Casa Real (eso sería mi salvación). ¿Ha recibido Vd. contestación de la Infanta Isabel?

Milliet sigue tan animado como antes con La vida breve, pero me ha dicho que ya no será posible estrenarla en esta temporada en la Ópera Cómica, puesto que tienen en estudio otra obra de asunto español, La Habanera, de Laparra.

Ha pensado en la Ópera, pero yo creo que ese no es su lugar y me parece que Vd. pensará lo mismo.

Falla está capacitado para la dirección de orquesta, para concertista de piano, para profesor de diversas disciplinas... pero su verdadera vocación es la composición. Y ese es el sueño por el que pasa tantas vicisitudes hasta encontrar un mínimo de seguridad económica y bienestar. Es la lucha de los que comienzan con tesón, y perseveran hasta ir alcanzando metas. Y al mismo Albéniz, a quien le cuenta sus penas, le cuenta también sus alegrías y le presenta sus muestras de agradecimiento:

París 17-1-1908
Anoche tuve el gusto de recibir su tan amable carta y esta mañana (¡qué casualidad!) otra del Marqués de Borja enviándome en nombre del Rey una Lf. de mil francos. Ha

conseguido Vd. querido Maestro, lo que nadie había podido conseguir, pues aunque no sea la pensión regular, ya con estos mil francos y lo que me dejen los conciertos podré trabajar tranquilo por unos meses.

No tengo que decirle a Vd. cuanto y cuan sinceramente se lo agradezco.

Mucho deseo que se encuentre ya bien de la gripe. Yo ya llevo dos este invierno. Voy a escribir al Marqués de Borja y a la Marquesa de Nágera dando las gracias. (El Marqués me dice que el Rey lo ha hecho por indicación de la Infanta Isabel).

Dentro de dos horas salgo para Madrid, donde ensayaré con Mirecki y Bordas para tocar en Oviedo el 29, el primer concierto.

Ya le daré noticias.

Falla viaja a Madrid para los ensayos con los otros dos componentes del trío: Mirecki (violonchelo) y Bordas, el que luego sería director del Conservatorio de Madrid, (violín).

Pudo disfrutar unos días de ambiente familiar antes de salir para Oviedo donde el 29 de enero se iniciaba la gira de cinco conciertos, uno por día, en los que interpretaron cuatro tríos. De Oviedo a Bilbao e, inmediatamente, a París. Aunque la capital francesa suponía para él privaciones y penalidades era el lugar preferido por el ambiente musical que allí se respiraba.

Por otra carta a Salvador Viniegra, escrita a su regreso a París, le da una noticia que puede parecer desconcertante:

Hoy recibo carta de Fernández Shaw en la que me dice que la Empresa del Real piensa estrenar ahora La vida breve *y que se la ha pedido con empeño; pero ahora, que quieren ellos, no puedo complacerles (a pesar de haberlo gestionado yo por espacio de dos años), pues por muchas razones, el estreno de la Ópera en Madrid podría entorpecer la buena marcha que lleva el asunto aquí, en el extranjero.*

El estreno en Madrid hubiese hecho, incluso peligrar, el estreno en Francia y por otra parte no hubiese tenido la resonancia que tuvo cuando años después se hizo ya con el prestigio de haber triunfado en Niza y París.

Ahora, con unos meses de sosiego por delante puede concentrarse en la composición. Aparte de su ópera *La vida breve*, cuando Falla llega a París, en su carpeta de partituras manuscritas lleva varias páginas incompletas: Son las *Cuatro piezas españolas*. Las dos primeras muy avanzadas y la tercera comenzada. Trabaja a conciencia en ellas hasta completar las cuatro. Las da a conocer a sus amigos que se sienten entusiasmados con ellas. Poco después recibe una carta del editor Durand & Fils:

Los señores Dukas, Debussy y Ravel nos han hablado de sus Cuatro piezas españolas, para piano. Si usted nos las quisiera entregar se las publicaríamos gustosos.

Falla queda desconcertado ante aquellas líneas. No puede creer que una editorial de categoría le solicite sus composiciones. Se presenta en las oficinas y le ofrecen 300 francos por la edición y además la posibilidad de publicar otras obras futuras.

Le falta tiempo para ir a contárselo a sus amigos y el diálogo se convierte en sorprendente:

—*Pues le han dado 50 francos más que a mí me dieron por el Cuarteto*, exclama Debussy.

—*Y lo mismo que me pagaron a mí por L'apprenti sorcier*, comenta Dukas.

—*Pues a mí, nada me dieron por la partitura de Catalonia*, replica Albéniz.

—*Y a mí, ni regalado me quisieron el Cuarteto*, concluye Ravel.

Las puertas de la capital musical de Europa comienzan a ceder ante el ímpetu del genio español.

Las *Cuatro piezas españolas*, para piano son: *Aragonesa, Cubana, Montañesa y Andaluza* y están dedicadas a Isaac Albéniz. Son composiciones definitivas donde se refleja perfectamente la personalidad definida del autor.

También hace partícipe de esta noticia a su familia, además de comentar otros temas familiares:

París, 13 de enero de 1909

Queridísimos todos: No quiero dejar pasar un día más sin escribir, aunque no cuento más que con un rato disponible, pues estoy sin parar de una a otra cosa. No tengo que decirles a Vdes. cuánto me alegraron vuestras felicitaciones por el día 1, ni tampoco cuánto deseo que tú, mamá, pases tu día todo lo bien posible, y que el año que viene sea, por el cambio de circunstancias, más feliz que el presente. Dios lo quiera y así lo espero. Este año no se han arreglado las cosas para que pasemos este día reunidos, como el pasado; lo aplazaremos, por lo tanto, para el 1910, si Dios quiere.

No tengo presentes vuestras cartas recibidas ayer porque se las di anoche a Germán.

Es muy curioso cuanto me dicen Vdes. sobre los últimos acontecimientos. Me enteré de la muerte de Felisa (q.e.p.d.) por un postal de Clotilde, pero nunca supuse lo que ha venido después.

Por aquí no ocurre novedad. Germán y yo estamos bien, aparte de un amago de gripe que he tenido, pero de la cual me estoy curando gracias al Thiocól, que es una gran medicina para esto.

En cuanto a lo de las quintas, ya me dijeron el año pasado en el Consulado que es de España de donde tienen que enviarme la licencia absoluta. No es la dificultad el que yo esté en el extranjero; pues en ello no hay ningún inconveniente. Únicamente quiero tener la licencia absoluta porque estando ya libre de ello, quiero poseer el documento en que conste.

En fin, volveré al Consulado ahora para la cédula y trataré de nuevo el asunto.

Respecto a los Jardines a ver en qué forma pueden venir, si por ferrocarril o cómo. Indudablemente debe haber algún medio. Pedro no los podría traer por la sencilla razón de que no volverá a España por ahora. Él y su familia se van a establecer allá y han vendido los muebles de aquí a Turina, traspasándole también el contrato de inquilinato.

Aquí no tenemos ahora frío y viento que lo haga tan fuerte y que tú, papá, no te encuentres bien a causa de ello. Deseo que llegues a la tienda de la Sociedad (Arenal). Ya debe haber llegado algún trimestre a cobrar y al mismo tiempo quiero que les pidas para mí tres ejemplares de Tus Ojillos Negros. Diles que los necesito para unos conciertos en París y Burdeos en que quieren cantarlos. Las Piezas están ya publicadas. Dentro de pocos días les enviaré a Vdes. un ejemplar y también lo que me sea posible por este mes.

Me alegraré que tú, María del Carmen, hayas reanudado tus clases.

No tengo un momento más.

Reciban Vdes. un abrazo de vuestro hijo y hermano que siempre les quiere. Manolo.

Esta carta nos facilita varios datos relevantes relacionados con la vida y la forma de ser de Falla: su delicada salud, que no le abandonará nunca; su preocupación por todo lo relacionado con el ambiente familiar y sus amistades, incluidas las ayudas monetarias con las que trataba de contribuir a la economía familiar que tantos sacrificios tuvo que hacer para que él pudiera ver realizados sus sueños y por eso se alegra de que su hermana, que tiempo atrás tuvo que dejar sus clases para economizar gastos, vuelva nuevamente a reanudarlas; el traslado a París de su hermano Germán para realizar estudios; y por último que ya tenía otra obra escrita o en estado bastante avanzado, y además voluminosa, que él denomina *Jardines*, que reclama para poder acometer la conclusión.

Las *Cuatro piezas españolas* fueron estrenadas por Ricardo Viñes, en París, en un concierto de la Sociedad Nacional de Música, el 27 de marzo de 1909. En una carta dirigida a Henri Collet el 15 de abril y en respuesta a la pregunta sobre el sentido y fin de la obra, Falla escribe:

Contestando a sus preguntas sobre mi pensamiento al escribir las Piezas Españolas puedo decirle que tanto en ellas, como en La vida breve y en todo cuanto hago, mi intención principal es la de traducir en música mis sentimientos con la mayor fidelidad posible, no sirviéndome de los procedimientos musicales más que como un medio para conseguir este fin. Y lo que me he propuesto, por lo tanto, al escribir las Piezas, es expresar musicalmente la impresión en mí producida por el carácter y el ambiente de esas cuatro ramas bien distintas de la raza española.

Y unos años después, ante el estreno de la obra en España, manifiesta que el único fin de las *Cuatro piezas españolas* es *evocar el alma del pueblo que canta o danza.*

El crítico Ángel Guerra (seudónimo de José Betancourt) escribió en la *Correspondencia de España*:

Las Piezas Españolas de Falla, en ese Concierto, merecieron un honor poco acostumbrado. Entre aplausos, el público hizo repetir la Andaluza bajo el arte singular de Viñes, que cobraba un encanto, y una sugestión extraordinaria. Consigno este hecho de la repetición, porque tiene especialísima importancia. Generalmente, en los Conciertos de la Societé Nationale, no se piden repeticiones.

El último Concierto de la Societé Nationale, ha sido un gran triunfo español. Se ha aplaudido fervorosamente a un músico joven de gran porvenir, Manuel de Falla, y, en ese acto fue también aclamado otro pianista español, de renombre mundial: Ricardo Viñes. Una noche de imborrable recuerdo para mí; porque en ella se ha honrado con tanta largueza el nombre de España.

Es un orgullo de patriotismo, en Francia, que se prefiera a sus autores, y no a los extranjeros, por muy renombrados que sean. Por esto creo que el honor dispensado a Falla es de una alta significación, de gran importancia. Yo tengo por este muchacho de tanto talento, tan modesto y luchador, una intensa admiración: amén de un afecto fraternal.

Lo he visto lanzarse con gran intrepidez a la conquista de París, con ánimo sereno, ante los riesgos de la lucha, avanzando siempre, paso a paso, seguro de triunfar; convencido de que, perseverante, y fiado en su talento y arte, lograría a la postre imponerse.

Falla, sin ayuda, luchando solo, perdido en este océano tormentoso del batallar por la gloria, en París, va logrando abrirse paso, a fuerza de voluntad y, sobre todo, de talento.

Prueba de la amistad que le unía con Joaquín Turina, aunque este perteneciera al grupo de la Schola Cantorum y Vicente d'Indy, a quien hace referencia Falla en la siguiente cita y este, por su parte, fuese partidario de

Dukas y Debussy, y prueba también del buen humor del que en ocasiones hacían gala los dos amigos españoles es la dedicatoria que le puso en el ejemplar de la obra que envió a Turina:

> *Manuel de Falla el gaditano*
> *con sus más altos respetos,*
> *dedica este manuscrito*
> *a Turina el sevillano.*
> *Ya sabes tú bien, Joaquín,*
> *que estas cuatro piececillas*
> *no son más que impresioncillas*
> *sin pies, cabeza ni fin.*
> *Y en ellas, por consiguiente,*
> *no hay "de la músique ni plan*
> *ni méme de jolis coins",*
> *como dice don Vicente.*

TRES MELODÍAS

Las *Cuatro piezas españolas* triunfan en París. En primer lugar, porque es una obra de calidad innegable; pero hay que reconocer que París está predispuesto a lo español. Ya desde el romanticismo existió esa amable receptividad: con las descripciones literarias de los escritores viajeros, baste citar como punto de referencia al estadounidense Washington Irving y su popular obra *Cuentos de la Alhambra*; los apuntes, pinturas y grabados de diversos artistas y en lo musical con las impresiones sobre temas inspirados en el folklore, Sarasate y su pintoresquismo fácil y su virtuosismo, y, de manera particular, con la música alhambrista como la de Bretón con sus *Escenas Andaluzas*,

117

o Chapí con *Los Gnomos de la Alhambra* y *La corte de Granada*. La atracción sobre el costumbrismo localista, y en concreto Granada, ejerció una poderosa fascinación en los compositores. La relación se puede ampliar en el tiempo y supeditándonos únicamente a los españoles: Conrado del Campo y su *Granada. Poema Sinfónico*; Barrios y sus *Impresiones de Granada*; Monsalvatge y su *Concerto del Albaicín*.

Los genios europeos tampoco se quedaron atrás en sus composiciones: Liszt y su *Rapsodia Española*; Debussy y su *Iberia*; Lalo con *Sinfonía española*; Chabrier y su *España*; Ravel con la *Rapsodia Española* y la ópera *L'Heure espagnole*; Rimsky y el *Capricho Español*; y para terminar esta muestra, que podría alargarse aún más, se hace necesario citar a Bizet y la obra que tal vez ejerció más influencia y la que mostró una visión singular de España perdurable hasta nuestros días: *Carmen*. Opera basada en el relato de Prosper Mérimée, con todos los elementos románticos necesarios: bandidos, toreros, militares, gitanas...

Interpretaciones y visiones muy dispares de una misma realidad: España. Esa España que en la transición del siglo XIX al XX paseó por París a los compositores más genuinamente representantes de la música española, de la escuela por la que tanto había luchado Pedrell: Albéniz, Granados, Turina, Falla... y a la que seguirán otros. Turina relata en otra versión del estreno de su *Quinteto para piano y cuerda* que *al terminar la audición se presentó a mí Albéniz, decidido y simpático. Sin más preámbulos nos cogió del brazo a Manuel de Falla y a mí, llevándonos hacia mi maestro Vicent d'Indy, que en un rincón del salón estaba gritando con todas sus fuerzas:* **¡La invasión de los bárbaros!**

Falla recibió un duro golpe cuando le llegó la noticia de la muerte de Isaac Albéniz, el 18 de mayo de 1909. Después del estreno del cuarto cuaderno de *Iberia* en la Sociedad Nacional de París, el 9 de febrero, y que como los otros tres anteriores interpretó Blanche Selva, Albéniz sintió que se agudizaba su enfermedad. A finales de marzo se traslada a Cambo-les-Bains, en los Pirineos franceses, donde trabaja en *Navarra* y *Azulejos*. Ambas obras quedarían inconclusas y serían terminadas por Déodat de Sévérac, la primera, y Enrique Granados, la segunda. Pocos días antes de su muerte y a petición de Debussy, Dukas, Fauré y D'Indy, el gobierno francés le concede la Gran Cruz de la Legión de Honor. Al día siguiente de su fallecimiento, el sobrino de Albéniz dirigirá a España un lacónico telegrama: *Isaac Albéniz ha muerto a las ocho de la noche de ayer en este pueblo francés, sin el consuelo de que nadie de su patria mostrase su interés por él. Que Dios les perdone.*

Algún tiempo después, la viuda de Albéniz, Rosina, habló con Falla para que mediara ante Debussy, Ravel y Stravinsky con objeto de que les solicitasen la orquestación de algunas obras de Albéniz; Dukas ya había aceptado y escogido *El Corpus en Sevilla*. Debussy responde que tan pronto como le sea posible hará una trascripción libre para orquesta de *El Albaicín*. Ravel declinó el ofrecimiento por la dificultad que entrañaba para él el estilo pianístico de Albéniz, aunque posteriormente rectificó la intención. El hecho evidente es que ninguno llevó a término el compromiso y tuvieron que pasar años para que un español, Enrique Fernández Arbós, realizara una suite orquestal de *Iberia*; después vendrían las versiones de Carlos Suriñach, Rafael Frühbeck de Burgos, etc.

Sin embargo, él fue siempre un hombre generoso y desprendido. Es Turina quien vuelve a relatar: *En una de mis últimas visitas me cogió del brazo y me dijo lo siguiente, con gran extrañeza mía: —Este quinteto franckiano se va a editar. Lo hago cuestión de gabinete. Pero usted me da su palabra de no escribir más música de esta clase. Tiene que fundamentar su arte en el canto popular español, o andaluz, puesto que usted es sevillano. Palabras que fueron decisivas para mí; consejos que he tratado de seguir a lo largo de mi carrera, y que ofrendé siempre a la memoria de aquel hombre genial y único.*

El *Quinteto para piano y cuerda* se editó en 1908, pero la casa Lerolle exigió el previo pago de la edición, que naturalmente corrió a cargo del desinteresado bolsillo de Albéniz. Este tipo de gestos, tan característicos de Albéniz, en algunas ocasiones no eran conocidos ni siquiera por los propios compositores que comenzaban su andadura u otros ya consagrados, quienes consideraban que la publicación obedecía a la calidad de las obras.

Un homenaje, aunque tardío, a Albéniz fue el realizado en 1935 en el cementerio de Montjuich, con motivo de la erección de una estatua de Florencio Cuirán. Con este motivo, Federico García Lorca, leyó un significativo soneto:

Esta piedra que vemos levantada
sobre hierba de muerte y barro oscuro,
guarda lira de sombra, sol maduro,
urna de canto sola y derramada.
Desde la sal de Cádiz a Granada
que erige en agua su perpetuo muro
en caballo andaluz de acento duro

tu nombre gime por la luz dorada.
¡Oh dulce muerto de pequeña mano!
¡Oh música y bondad entretejida!
¡Oh pupila de azor, corazón sano!
Duerme cielo sin fin, nieve tendida.
Suena invierno de lumbre, gris verano.
¡Duerme en olvido de tu vieja vida!

Hay una anécdota de Falla en la que se reflejan las argucias de las que se servían los compañeros en sus luchas con las editoriales: Ravel había compuesto su *Cuarteto de cuerda* y tras numerosas gestiones y desdenes lo publicó finalmente la casa Astruc. A fin de inducirle a que publicasen una trascripción para piano a cuatro manos se pusieron de acuerdo los amigos a ir espaciadamente a la citada casa a solicitar la referida trascripción. Cuando le correspondió a Falla la tentativa, recibió una respuesta estentórea:

—¡Ni lo hemos publicado, ni lo publicaremos!

La *tiranía* de los editores era bien notoria y no pocos compositores sufrieron las incomprensiones y, en ocasiones, caprichosas y abusivas exigencias de los primeros: Así, desde el mismo Mozart hasta el mismo Stravinsky. A Ernest Amédée Chausson (1855-1899) le fue devuelta la partitura de su poema para piano y orquesta que había enviado a la casa editora por mediación de Albéniz. Para que el autor no se sintiera menospreciado, el maestro español pagó la edición, cosa que no se supo hasta bastantes años después. De esta forma Chausson vivió con el estímulo de que la obra había sido aceptada por sus propios méritos y no porque los gastos de edición corrieron a cargo de Albéniz, cuando por su posición económica podía haberlo hecho él mismo, pero esto último hubiese restado ilusión a su talento creador.

Falla tampoco se vio libre de estos problemas con sus editores a lo largo de su vida, si bien no eran cuestiones de edición sino de la liquidación de los derechos económicos inherentes o de la interpretación de las cláusulas de los contratos.

Volvamos a su producción musical. Después del éxito de acogida de sus piezas españolas compone *Trois mélodies* (Tres melodías) para canto y piano. Utiliza para ello tres poemas en francés de Theophile Gautier: *Les colombes, Chinoiserie y Seguidille*. Ciertamente la obra no figura entre las más interpretadas de su catálogo, pero no es por carecer de mérito. Falla abandona momentáneamente su andalucismo para dejarse influenciar por los compositores que tiene a su alrededor: los franceses. La intensidad lírica de la primera evoca a Fauré y Chausson. En la segunda ha buscado las sonoridades exóticas de oriente como anteriormente lo habían hecho Ravel, Roussel y particularmente Debussy. Este, al conocerlas manifestó su agrado y las elogió, pero le puso reparos a la introducción de esta segunda canción. Falla, que no tenía especiales deseos en volver a revisar estas canciones, le preguntó:

—*¿Qué se podría hacer?*

Debussy le respondió:

—*No sé. Usted sabrá. Buscad y encontraréis, como dijo Jesús.*

Falla volvió a casa y estudió concienzudamente la partitura hasta descubrir que en esa introducción quedaba muy recargada la parte de piano. Simplificó hasta dejar exclusivamente la línea melódica, con lo que realzó la canción. Debussy quedó satisfecho del cambio.

La tercera canción era una traducción de una poesía de Bretón de los Herreros, conservando alguna palabra en castellano, lo que acentuaba el sentido de españolada: es la típica y tópica historia de gitana con navaja en el liguero, peineta, torero y *castagnettes*.

Turina juzgaba esta tercera canción de *fácilmente brillante*. Era, sin duda, un recurso para exaltar el ánimo del público al final de la interpretación de la obra.

Estaban dedicadas respectivamente: a Ada Adiny-Milliet, esposa de Paul Milliet que estaba preparando la traducción francesa de *La vida breve*; Ada era una excelente y oronda soprano particularmente conocida en España por encarnar con gran éxito el papel de Brunilda, de *La Walkiria* de Wagner, en el estreno de esta ópera en el Liceo de Barcelona el 25 de enero de 1899. A la pintora Romaine Brooks, natural de Estados Unidos pero afincada en París. Y a Emma Bardac, cantante aficionada y esposa de Claude Debussy.

La obra fue estrenada el 4 de mayo de 1910 en la Société Musicale Indépendante (S.M.I.) de París, Sociedad que había sido fundada recientemente por varios compositores entre los que se encontraba Falla y que disentían de las actuaciones de la Nacional. Los intérpretes del estreno fueron Ada Adiny-Milliet (soprano) y Manuel de Falla (piano). La partitura fue publicada por Rouart et Lerolle de París en ese mismo año.

Meses después, ya en 1911, Luis Laloy le transmitió el deseo de ser conocido por Franz Liebich y su esposa, que residían en Londres; él era pianista y organista y ella autora del primer estudio publicado en inglés sobre Claude Debussy. La propuesta era hacerle participar en un concierto dedicado a la música española. Para Falla era un viaje decisivo pues suponía darse a conocer en otros importantes ambientes musicales. Sin embargo, sus ajustados medios económicos no le permitían hacer aquel desembolso necesario. Recurrió a Turina y a su tío Pedro Jaime Matheu, según se desprende de la curiosa carta fechada el 17 de mayo de 1911:

> *...Resultado = que, como yo no cuento al mes más que con lo necesario p^a vivir, esto no me es suficiente p^a el viaje. Turina, a quien he acudido, no puede poner a mi disposición más que unos 30 frcos. pues el resto que le queda lo necesita para concluir el mes, y ellos reciben dinero de Sevilla. Y voilá que me he decidido a preguntarte: ¿te sería posible por cinco o seis días prestarme unos cien francos p^a esos gastos? Si puedes te lo agradeceré mucho, y si no, dímelo con la mayor claridad como Turina lo ha hecho, pues esas cosas no me disgustan en lo más mínimo...*

Falla viajó finalmente y estrenó personalmente en Londres las *Cuatro Piezas Españolas*. En el concierto interpretó también, junto a Franz Liebich, *Iberia* de Debussy en un arreglo para dos pianos hecho por André Caplet.

Además del concierto Falla aprovechó su estancia en Londres para visitar tantos lugares descritos en las novelas de Dickens, a quien leía con admiración. También conoció a Jean Aubry, con quien le uniría una gran amistad y le prologaría el libro *La música francesa contemporánea*. Además, más adelante pondría música al poema *Psyché* del mismo Aubry.

Falla, en 1911, proyectó componer la partitura de una nueva ópera ambientada en la Andalucía de los hermanos

Serafín y Joaquín Álvarez Quintero que por entonces triunfaban en la escena de los teatros españoles. La obra elegida era *Las flores*. Después de estudiar las posibilidades encontró dificultades administrativas sobre los derechos de adaptación del libreto. Con este motivo les escribe la siguiente carta:

París, 5 de julio de 1911
Sres. Serafín y Joaquín Álvarez Quintero
Mis distinguidos amigos: Tanto Mr. Millet como yo esperamos con gran ilusión las noticias de Italia que nos ofrecen comunicarnos y tengan Uds. la seguridad de que, si son favorables, nos pondremos de nuevo e inmediatamente al trabajo.
Uds. saben con cuánta ilusión pensé en hacer a Las Flores y ningún argumento encuentro mejor para convencerles de la imposibilidad en que nos encontramos de proseguir nuestra labor sin que se prescinda antes de la adaptación italiana. De otro modo —créanme Uds.— o la nuestra sería inútil o daría lugar a mil complicaciones desagradables para todos, incluso para Uds. Podría citarles muchos casos, pero con una basta: recuerden lo ocurrido con la ópera Salomé. (Se refiere don Manuel a la de Strauss, estrenada en Nueva York cuatro años antes de esta carta).
Y voy a seguir hablando con toda sinceridad: si queremos resolver el asunto dentro de un plazo (cuanto más pronto, mejor) es porque de no escribir ahora Las Flores, tendría que empezar ahora otro trabajo tan largo a más que aquel; y eso es lo que deseo evitar, pues siendo así, ¿cuándo podría ocuparme de vuestra obra?
¿No les sería posible a Uds. fijar un plazo definitivo a los adaptadores italianos? Si se tienen en cuenta los años que han pasado desde que les concedieron Uds. la autorización, lo más lógico es suponer que nada han hecho (y eso es lo que creo)

pues, de otro modo, ya les habrían contestado a la carta de la que me hablaban. Y si, en efecto, no han hecho nada (el músico, al menos), ¿no podrían cambiar Las Flores por cualquier otra de vuestras obras que estuviera libre?
En fin, Uds. mejor que yo podrán encontrar el modo de arreglarlo y si les propongo esto es solo por el deseo y aún la necesidad de llegar pronto a una solución satisfactoria para todos.
Siempre de Uds. afmo. amigo
Manuel de Falla

No, ni Giácomo Puccini, Luigi Motta, ni la casa Ricordi contestaron a estos requerimientos y lo más lamentable es que tampoco escribieron la ópera. Por el contexto de la carta parece que Falla había iniciado ya su trabajo, pero no se ha descubierto en el archivo el más mínimo atisbo de esta composición.

LA VIDA BREVE

Tengo la satisfacción de comunicarle que para mediados del próximo febrero tendrá lugar en Niza el estreno de La vida breve, que será representada en magníficas condiciones y dentro de una temporada excepcional por su importancia artística, puesto que en el programa figuran obras tales como Pelléas, de Debussy, Ariana, de Dukas, Don Juan, de Mozart, etc., etc. La Opera de Niza quiere, desde este año, hacer competencia con la de Montecarlo, así es que, como suele decirse, van a echar la casa por la ventana.

Ya tendré a Vd. al corriente de todo, como es natural, y como haré además con el mayor gusto, así como también de otros proyectos que hay ya en principio p.ª el porvenir de La vida breve. Mucho debemos en todo ello al gran interés con que nuestro adaptador, Mr. Paul Milliet, viene ocupándose de este asunto desde hace tiempo.

Así escribía Falla desde París, el 12 de octubre de 1912 a doña Cecilia de Iturralde y Mac Pherson, viuda de Carlos Fernández Shaw. Porque D. Carlos había fallecido el 7 de junio de 1911 sin ver realizado el sueño que tanto había anhelado, pero que cuando su salud comenzó a ser precaria manifestó su temerosa certidumbre, que resultó premonitoria, de que él no vería estrenada su obra tan querida.

Falla, que a su llegada a París le consumía la impaciencia por el escaso resultado y la lentitud de cualquier gestión que realizaba, se volvió con los años más sosegado y objetivo en sus planteamientos. Ello no quiere decir que menoscabara el interés por el estreno de su ópera, pero sí que actuara con más serenidad y objetividad, comprendiendo las dificultades que entrañaba tal empresa. Falla, en un momento determinado, según escribe Jaime Pahissa, *vio claro cómo el hombre con el trabajo diario, constante, con la inquebrantable voluntad de avanzar en su camino, puede superarse y llegar a realizar su ideal.* Por recomendación de sus admirados maestros se había negado a la presentación de una selección de pasajes orquestales en diversos conciertos: el estreno debería ser absoluto y en versión escénica. Las numerosas audiciones pianísticas, en algunas de las cuales colaboró también una soprano para cantar parcialmente el papel protagonista, le ayudaron, de una parte, a dar a conocer la obra y a escuchar atentamente las críticas y, de otra parte, a que le fueran presentados bastantes personalidades relacionadas con el mundo musical: críticos, compositores, directores de teatro, etc.

Sin embargo, 1912 fue el año decisivo en el devenir de tantas gestiones: Milliet escribe a Falla desde Evians-les-Bains, a orillas del lago de Ginebra, animándole a presentarse allí de inmediato pues se encuentran en el citado lugar el director del casino municipal de Niza, Farconnet, y el director de la Opera de París, Messager. Cuando Falla llega a Evians Messager ha tenido que partir a Inglaterra y Farconnet se encuentra en cama. No obstante, accede a la audición postrado. Queda entusiasmado con la obra y propone su estreno para finalizar la temporada 1912-13, que se desarrollaba durante el invierno en el Casino de Niza y en el que esta temporada había querido competir en calidad con la de Montecarlo, con un repertorio excepcional.

Aunque Messager se tuvo que ausentar por motivos familiares, no abandonó a Falla y por mediación suya se llevó a cabo otra gestión importante: Estaba también en Evians-les-Bains el director en París de la Casa Ricordi, editora de uno de los más importantes fondos de obras musicales de todos los géneros y estilos. Messager escribió al editor para que se interesara por el compositor. La propuesta de este a Falla fue bastante contundente:

—*¿Tiene usted inconveniente en trasladarse a Milán, para hacer oír su ópera a Tito Ricordi, nuestro director? Si acepta, nos vamos ahora a casa; yo le doy el importe del viaje, mas una indemnización por los días que usted empleara en él, y ya desde este momento quedaríamos citados en Milán, en la Casa Ricordi.*

Recuerda Falla: *Fue uno de los momentos más felices de mi vida; como cosa de encantamiento. ¡Sale el sol en mi existencia!... Un viaje a Italia, que yo no conocía aún... la Casa*

Ricordi, cuyo nombre veía, como una cosa legendaria, desde niño, en las ediciones de las óperas...

Tras la audición, Tito Ricordi expuso sus condiciones:

—*Me gusta mucho la música; pero me parece más para concierto que para teatro. Pero le ofrezco un contrato: aquí tengo un libreto,* Anima allegra, *sacado de la comedia de los hermanos Quintero,* Genio alegre, *que había pedido Puccini para ponerle música, pero que luego abandonó porque pensó que era más apropiado para un compositor español. Usted hará todo lo que quiera y sienta, en todo lo que no sea música escénica, pero para el teatro ha de componer música de tipo universal, como la de* Cavallería, *como la de* Puccini: *esto es lo que quiere el público de todo el mundo, y esto es lo que gusta en todas partes.*

Dos días duraron las conversaciones que concluyeron sin ningún acuerdo. El uno actuaba como negociante y el otro con una seguridad de lo que quería para su futuro artístico. Tito Ricordi estaba asombrado y admirado, a la vez, por la actitud inflexible de Falla:

—*Es la primera vez que ofrezco un contrato y que me lo discuten.*

El regreso a París lo realiza Falla con un cierto ánimo de decepción. Han transcurrido unas semanas expectantes en las que parecía vislumbrar una salida airosa a su situación, particularmente la económica, y sus ilusiones se han desvanecido, así como la de todos los personajes que giran a su alrededor, aunque queda la esperanza de Niza.

No obstante, en París, continúan batallando. Paul Milliet le presenta a otro editor de renombre: Max Eschig. Este solicita una audición y al final ocurre lo inesperado: Requiere la partitura y extiende un contrato para la ópera y las sucesivas obras que complete durante el tiempo que dure el mismo. Falla recibirá una cantidad mensual, a cuenta de los derechos de edición, que le permitirá vivir y trabajar con relativa tranquilidad con dedicación exclusiva a sus composiciones.

El 16 de diciembre de 1912 escribe a D.ª Cecilia de Iturralde, Vda. de Fernández Shaw:

He estado esperando p.ª contestar a su muy grata y bondadosa carta a poderle dar nuevas noticias sobre nuestro asunto. Hoy puedo decirle que sigue marchando perfectamente, g. a Dios, no solo en cuanto al estreno de la ópera en las buenas condiciones que ya Vd. conoce, sino también el tan importante asunto de su edición. Esto, que aún nos faltaba y que ya hemos conseguido, nos asegurará no solo el porvenir de la obra, puesto que Eschig es uno de los editores de París que más se ocupan de sus obras, (estando, además, en excelentes relaciones con varias de las más importantes casas editoriales del extranjero, como Schott, por ejemplo), sino que también de este modo percibiremos derechos suplementarios, llamados de edición, sobre los que ya nos correspondan por las representaciones.

(...) Como verá, he conseguido del editor, creyendo que esto podrá serle agradable, que pueda Vd. publicar siempre que quiera el poema de La vida breve en español, con la sola condición de que sea formando volumen con otras obras de Don Carlos, ya que la publicación del libreto original español por separado es solo del derecho exclusivo de Exchig por la cesión que le hacemos.

(...) Para hacerle ver cómo se interesa por la obra el director del teatro, Mr. Farconnet, le diré que a sus gestiones, unidas a las de nuestro adaptador, Mr. Milliet, hemos debido el que Eschig se haga cargo de la edición, que ya ha empezado a grabarse.

Nada más alcanzada su independencia económica y, en consecuencia, su libertad de acción para dedicarse en exclusiva a la composición, el editor le pidió a Falla la reducción para piano y canto de la ópera con vistas a la publicación simultanea al estreno en Niza, que, tras varias demoras, quedó finalmente fijado para el día 1 de abril de 1913.

Falla se trasladó a Niza, en el incomparable marco de la Costa Azul, con varios meses de antelación para seguir con detalle los preparativos y los ensayos. Estuvo alojado en el propio Casino, en la habitación reservada al director; pero junto a la contemplación del bello paisaje tuvo que trabajar incansablemente para revisar y dar los últimos toques a la partitura, preparar también para la edición el material de orquesta y de inmediato los ensayos.

La emoción, la incertidumbre, la nerviosidad se fueron apoderando de él cuando comenzó a escuchar por primera vez la orquesta interpretando sus páginas en una obra ya madura, lejos de aquellas notas zarzueleras. En esos primeros días de ensayos pudo poner en práctica el consejo que le diera Dukas cuando le expuso sus dudas sobre la orquestación:

—*Pero, ¿no le digo que sonará bien? ¿Cree usted que no tengo práctica de leer partituras?*

Y a continuación, añadió:

—*Si el director de orquesta, en algún momento de los ensayos, le dice que tal pasaje tiene que modificarlo o cambiarlo, porque pareciera que no sonara bien, usted no ha de contestar más que eso: que lo vuelvan a tocar, ejecutando 'exactamente lo que está escrito'; y si aun esta vez no sonara bien, 'que lo repitan de nuevo'; y ya verá como por fin resulta tal como usted ha imaginado.*

La experiencia había hablado en palabras del maestro. Nada más comenzar los ensayos preparatorios el director de orquesta detuvo la ejecución y se dirigió a Falla:

—*Esto debía usted cambiarlo.*

Y Falla, como el que no le da más trascendencia al hecho, le replica:

—*Repítanlo exactamente como está escrito.*

En adelante no hubo más sugerencias ni observaciones. Los ensayos continuaron a todos los niveles: orquesta, solistas, conjunto...

Tal vez por las vicisitudes transcurridas a lo largo de los últimos años con la ópera, las audiciones privadas, los comentarios de los grandes músicos y otros expertos y las diversas circunstancias que rodearon al estreno, el hecho es que se había creado un ambiente de expectación excepcional. Y excepcional fue también la acogida por parte del público, pues la representación constituyó un éxito total de crítica y público. La obra se mantuvo en cartel hasta el final de la temporada y Lilian Greville, soprano, y David Devries, tenor, cosecharon triunfos resonantes. Al fin se escuchó, en toda su plenitud, la popular canción española:

> *¡Malheur aux femmes qui naissent*
> *Sous une mauvaise étoile!*
> *¡Malheur à quinait enclume*
> *Au lieu de naître marteau!*
> *(¡Malhaya la hembra pobre,*
> *Que nase con negro sino!*
> *¡Malhaya quien nase yunque,*
> *En vez de naser martillo!)*

Falla permaneció en Niza algunas semanas descansando tras el intenso trabajo y la tensión acumulada en los últimos meses. Cuando volvió a París a reanudar su trabajo normal se encontró con nuevos y graves problemas referentes al estreno de ópera en la capital francesa y a la edición de la partitura.

Dos grandes empresarios se disputaban el estreno de *La vida breve* en París: Albert Carré y Astruc. Carré era el director de la Ópera Cómica que en su día se ofreció a estrenarla, aunque supeditando las fechas, a la programación exigida oficialmente al teatro; ahora, abría las puertas del teatro sin ninguna condición y, además, ofrecía la posibilidad de que la interpretación corriera a cargo de su mujer, la famosa Marguerite Carré, especialista en las óperas wagnerianas y a quien Falla admiraba por su notable voz. Astruc, por su parte, ante las dudas que en su día presentó Carré, había ofrecido a Falla estrenarla en la temporada inaugural del teatro de los Campos Elíseos, cuyas obras acababan de concluir y, además, cantaría la misma intérprete que en Niza: Lillian Grenville.

Don Manuel se quedó atónito por el conflicto suscitado: De una parte, él había dado su palabra a Astruc y a la Grenville; de otra, Carré representaba un grave peligro para los intereses comerciales de la obra por la influencia que tenía en la editorial Eschig.

Falla pasó unos días de verdadero sufrimiento, pues no sabía cuál de las dos opciones elegir sin tener que enfrentarse con unos personajes por los que sentía bastante aprecio.

Al final la cuestión se resolvió sin su intervención: Una negociación entre los dos empresarios llegando al acuerdo de que tenía primacía la Ópera Cómica, por ser un teatro con más historial y el primero que se había preocupado por la obra. En cuanto a Lillian Grenville sería contratada por Carré para cantar tres óperas en la Ópera Cómica, lo que suponía unas condiciones muy ventajosas para ella.

Resuelto el incidente y comenzados los preparativos para el estreno en París, surgió otro grave problema relacionado con le edición de la obra. En el contrato firmado por la casa Eschig, Falla, la viuda de Fernández Shaw y Milliet, se deslizó una palabra que pasó inadvertida a los dos españoles y fue la que originó el conflicto. Una palabra que podríamos calificar de *fatídica*, y que suscitó un grave problema relacionado con los derechos de autor, en el que Falla mostró su integridad como persona, a la vez que su amistad y generosidad. Lo relata el propio hijo de D. Carlos, Guillermo, en un texto en el que recoge la historia de *La vida Breve*. Naturalmente estos hechos fueron conocidos con posterioridad, pero quiso hacer justicia a Falla y reconocer públicamente su caballerosidad.

La palabra que dio origen a todo el entramado es "adaptador" para referirse a Mr. Milliet. Según la acepción más común de la palabra adaptar, esta significa la modificación de una obra científica, literaria, musical, etc. para que pueda difundirse entre un público distinto de aquel al cual iba destinado o darle una forma diferente de la original.

Pues, precisamente con Milliet, se enfrentó Falla por motivos de dignidad artística para defender los derechos de su compañero muerto. Y se enfrentó en nombre de la justicia y de la moral; y llegó incluso —sin que nosotros supiéramos esto durante algún tiempo— hasta el rompimiento de sus relaciones de amistad con Milliet (...). Se trataba, en concreto, de lo siguiente: en la cubierta de la edición del libro francés se decía: «El vie brève. Poème en deux actes et Quatre tableaux de C.F. Shaw. Adaptation de Paul Milliet. Musique de Manuel de Falla». Esto, a primera vista, pareció un lapsus sin importancia; se suprimían el nombre y el primer apellido del autor del texto original, y no se decía «adaptación francesa», que era lo convenido y lo lógico. Falla hizo la observación a Milliet quien prometió corregir las omisiones; pero pasó el tiempo y no lo hizo; y entonces Falla se alarmó, sospechando que Milliet quisiera aparecer, literaria y económicamente, en el porvenir, como algo más que un traductor, que es lo único que, en realidad, había sido.

Falla quería a toda costa defender los intereses literarios y económicos de un amigo que está muerto y no puede defenderse. Resulta admirable la lucha tenaz del compositor por establecer una situación que considera justa; máxime cuando el incidente se produce con la primera obra que se editaba de un compositor extranjero que estaba en los comienzos de su carrera. Su firmeza causaba asombro, aunque él se sintiera muy afectado por el *desgraciado asunto: Una de las razones que me han dicho que da para aparecer como coautor de la obra es que afirma haber hecho muchos cambios en el poema, 'lo cual es absolutamente inexacto', pues el poema de Carlos sobre el cual solamente he creado yo mi música, existe, y está publicado tal como él lo escribió. Y es tal la importancia que doy a la unión del texto original con mi música, que consideraría esta anulada al separarla de aquel.*

Milliet había traducido el libreto al francés y había aportado la idea de transformar la ópera, estructurada en

135

un acto dividido en cuatro cuadros, en dos actos con dos cuadros cada uno de los actos. Por esta idea exigía el reconocimiento de coautor; pero además había otras exigencias e interpretaciones del contrato que Falla calificaba de inadmisibles: que la obra se representaría siempre en francés, que las traducciones a otros idiomas se harían a partir del libreto en francés reconociendo, eso sí, que estaba inspirado en el poema de D. Carlos. Todo esto implicaba anular prácticamente la figura literaria de Fernández Shaw y otro hecho, también grave, derivado de esta primera injusticia, suponía mermar cuantiosamente los derechos económicos de D. Carlos en favor de Milliet.

Falla apeló razonadamente al propio traductor y al editor, acudió a la mediación de sus amigos los grandes maestros, y, finalmente al arbitraje de la Sociedad de Autores franceses. La cuestión se solucionó a su favor, o más preciso, a favor de Fernández Shaw. Y aquí viene lo que desvela Guillermo, el hijo de D. Carlos, en gratitud al amigo de su padre y de toda la familia: la magnanimidad y grandeza de ánimo de Falla, quien para resolver el conflicto literario y económico pasó por la cesión de parte de sus propios derechos materiales a favor de Milliet y el ofrecimiento en firme del compositor español de poner música a un libro nuevo del literato francés. *Creo que es un deber dejar consignada públicamente la gratitud de una familia que jamás olvidará aquel rasgo en memoria de un amigo, mantenido por un artista que supo ser modelo de compañeros y espejo de caballeros cristianos españoles.* El reconocimiento de Guillermo Fernández Shaw no puede ser más elocuente y elogioso.

Aplacados los diversos incidentes y restauradas las relaciones personales, que tanto influían en el ánimo de Falla, prosiguieron los ensayos en la Ópera Cómica fijándose la fecha del estreno para el 7 de enero de 1914, y esta es la fecha que oficialmente se ofrece en algunas cronologías. Sin embargo, unos días antes, el 31 de diciembre, tuvo lugar el ensayo general que revestía el carácter de estreno, ya que asistían críticos, empresarios, amigos y público hasta llenar el teatro. Esta es la razón por la que a veces figura esta última fecha como la del estreno. Tanto un día como el otro el éxito fue clamoroso. El público vibró de emoción: gritó y aplaudió a rabiar a los intérpretes, a los autores y a todos los responsables del montaje. Falla entraba en el olimpo de la música universal.

La prensa se hizo amplio eco del estreno y se publicaron numerosísimas noticias y críticas sobre el evento. Por su profundidad y objetividad en destacar lo positivo y lo negativo de la obra, recogemos unos extractos de la crítica aparecida en el diario *Le Temps*, firmada por Pierre Lalo, hijo del célebre compositor francés:

La partitura posee preciosas y encantadoras cualidades; es una de las cosas más agradables que la Ópera Cómica nos hizo oír de muchos años a esta parte. No gusto de todo en ella, y quiero hablar primeramente de lo que menos me agrada; ello es: las escenas de amor o, por lo menos, parte de ellas. En esos momentos de expansión sentimental, parecería que Manuel de Falla no logra desprenderse, del todo, de esa influencia italiana que, por tanto tiempo, dominó la música española... lo mejor de la obra se halla en la nota pintoresca, pero que no está formada por trozos separados, sino esenciales: la impresión de la tierra de España, el sentimiento del paisaje, del cielo, del día, de la hora, envuelve, en todo momento, la acción y los personajes como una atmósfera sutil; lo pintoresco está íntimamente ligado a la vida del drama. Y lo pintoresco y la atmósfera tienen un encanto singularmente intenso. Ningún exceso de color, ninguna búsqueda del efecto brutal; fina sobriedad, matices delicados y precisos, discreción, selección y buen gusto. La página más feliz es el final del primer cuadro que pinta el crepúsculo de Granada: página de penetrante poesía que guarda en su sensibilidad y en su melancólico acento algo de íntimo y de concentrado.

Pero tras el aplauso, los conflictos que tanto le desabrían el ánimo; Falla se vio envuelto en un nuevo incidente, del que no fue responsable: el pintor José María Sert, amigo de Falla, quiso ofrecer una cena homenaje al compositor, a los intérpretes y a un pequeño círculo de amigos y allegados. Por unas circunstancias, o descuidos, casuales el pintor no cursó invitaciones para los Carré. Ella, mujer de carácter, lo tomó como una ofensa personal y se negó a cantar en las siguientes representaciones. Por fortuna pudo ser sustituida en cuestión de horas y corregidos los programas, de tal manera que la obra siguió su curso triunfante.

Falla escribió a su familia y a la viuda de Fernández Shaw dándole detalles del estreno, así como enviándoles recortes de prensa. En su corazón permanecía encendida perennemente como una llama votiva que le hacía sentir de continuo la nostalgia de su familia y de su tierra: España.

PRIMERA GUERRA MUNDIAL Y REGRESO A ESPAÑA

Una vez recuperada la tranquilidad tras los consecuentes avatares de las representaciones, Falla se siente feliz, con

138

deseos de trabajar, y concluye *Las siete canciones populares españolas*, para adentrarse después con profundidad en sus *Nocturnos*, que era el título que entonces le daba y que finalmente se llamarían *Noches en los jardines de España*. Obra en la que llevaba trabajando desde hacía algunos años, pero que había tenido que interrumpir en varias ocasiones e incluso cambiar de planteamiento de la obra, ya que en un principio la había previsto para piano. Cuando le comentó el proyecto a Albéniz el maestro le interpeló:

—*Nada de tablitas. ¡Cuadros! ¡Cuadros!*

Fue el pianista Ricardo Viñes quien le propuso entonces que la escribiera para piano y orquesta. Así lo estaba haciendo ahora en una pequeña casa que había alquilado en las afueras de París.

La sucinta historia de *Las siete canciones populares españolas* es narrada por Jaime Pahissa, cuyo libro sobre Falla fue revisado por el compositor cuando la primera edición estaba en fase de pruebas de imprenta: *Una artista española —malagueña— de la compañía de la Ópera Cómica, después del estreno en este teatro de La vida breve, le dijo a Falla que quería dar un concierto en París, y le pidió que le indicara qué canciones españolas podría cantar en él. Le interesó la cosa a Falla, y le contestó que miraría de arreglarle algunas él mismo. Precisamente un profesor de canto, griego, deseaba poner acompañamiento a unas canciones populares de su país, y no sabiéndolo hacer, le preguntó a Falla si se lo haría. Una de las canciones era muy bella y a Falla le gustó armonizarla para canto y piano. En este trabajo empleó su técnica y su propio sistema de armonización. La prueba le pareció de excelente resultado, y aunque no volvió a ver más al profesor griego, ni supo nunca más de la canción, le sirvió para acometer con confianza y entusiasmo la composición.* Sin pretenderlo, la narración nos presenta dos ejemplos de ese rasgo de generosidad que caracterizaba a Falla cuando se trataba de ayudar a otras personas.

Pahissa escribe refiriéndose a que Falla empleó su técnica, y esa técnica era la aprendida de Pedrell y de Albéniz y la que, a su vez, recomendó. Sirva como referencia lo que escribió en la revista *Música*, de junio de 1917: *Pienso modestamente que en el canto popular importa más el espíritu que la letra. El ritmo, la modalidad y los intervalos melódicos, que determinan sus ondulaciones y sus cadencias, constituyen lo esencial de esos cantos, y el pueblo mismo nos da prueba de ello al variar de modo infinito las líneas puramente melódicas de sus canciones. Aún diré más: el acompañamiento rítmico o armónico de una canción popular tiene tanta importancia como la canción misma. Hay que tomar la inspiración, por lo tanto, directamente del pueblo, y quien no lo entienda así solo conseguirá hacer de su obra un remedo más o menos ingenioso de lo que se proponga realizar.*

Por eso esas siete canciones, aunque pertenecen a diversas regiones de España, forman una unidad, es una obra homogénea. Y por eso, también, Falla no es el simple armonizador de las canciones, sino que, por su aportación singular, adquieren el rango de verdaderas y auténticas creaciones.

No fueron estrenadas por la referida artista malagueña, ya que el supuesto concierto no era tal sino un espectáculo en el que se incluían también números bailables y a Falla, que ya tenía experiencia, le dio pánico y demoró el estreno.

Aquella situación de estabilidad económica, de recogimiento interior y de paz exterior que le llevaba a trabajar de manera relajada durante horas seguidas con plena concentración y rendimiento, le colmaba de satisfacción hasta el extremo de que quiso hacer también partícipes a sus padres y les invitó a trasladarse una temporada a París.

Inesperadamente las circunstancias cambiaron de manera inquietante por los acontecimientos políticos de Europa. Los problemas nacionalistas que se sucedían en la zona de los Balcanes originaron el desencadenante de la Primera Guerra Mundial: el suceso clave se produjo el domingo 28 de junio de 1914. El archiduque de Austria Francisco Fernando y su esposa Sofía se encontraban de visita oficial en Sarajevo, capital de Bosnia, para presenciar unas maniobras militares. A última hora de la mañana los Archiduques fueron asesinados de dos disparos efectuados por un anarquista bosnio perteneciente a la conocida organización secreta Mano negra. El presagio de que aquel luctuoso suceso cambiaría la historia se confirmó bien pronto. La diplomacia trató de contener lo que parecía inevitable. Los intereses nacionalistas de algunos países de la zona se vieron involucrados en el atentado. La seguridad de las naciones reclamaba medidas contundentes. Los hechos se precipitaron y el 28 de julio Austria declaraba la guerra a Serbia, la responsable del atentado. Las alianzas entre determinados gobiernos, el apoyo encaminado a la independencia de diversas regiones, las posibles anexiones territoriales y la actitud política de algunas naciones... complicaron y extendieron sucesivamente el conflicto hasta la magnitud de merecer el calificativo tristemente célebre de Primera Guerra Mundial. La *nunca bastante maldecida guerra*, como escribió Falla, que cambio toda una época.

El compositor trató al principio permanecer en París, pero pronto comprendió que no eran las circunstancias adecuadas: la actividad musical se había detenido, algunos de sus amigos franceses se habían alistado en el ejército, otros habían salido de Francia. Los españoles regresaban al suelo patrio: España se había declarado país neutral. Así que Falla se unió a estos últimos y, con un pequeño maletín que contenía sus enseres personales y las partituras de sus tres obras, lo único que le habían permitido sacar de París, llegó a la estación del Norte de Madrid donde le esperan sus familiares llenos de inquietud ante el gran retraso que sufriera el tren.

III.
TRIUNFAR EN ESPAÑA, TRIUNFAR
EN EL MUNDO

Estrenos en Madrid

Nada más llegar a Madrid trasladó el domicilio familiar a la calle Lagasca, número 119. Falla pudo disfrutar nuevamente del ambiente familiar que tanto gustaba. Pocas semanas después de su regreso a España cumpliría 38 años. Entraba en la década más fecunda y esplendorosa de su carrera artística.

Desde comienzos de año se habían realizado algunas gestiones para estrenar la ópera en Madrid. El 17 de febrero le escribía a la viuda de Fernández Shaw: *Tuve el gusto de recibir su muy grata del 13, enterándome por ella del asunto del Real. Yo, por mi parte, le aseguro que no permitiré que se estrene* La vida breve *en otro idioma que en español. Lo demás sería vergonzoso p.ª el mismo Teatro Real, y así habrá que hacérselo ver. Solo en España se ven estas cosas.*

El párrafo de la carta es lo suficientemente expresivo que se hacen innecesarios los comentarios. ¡Así estaba el panorama musical en la capital! No obstante, meses después, le vuelve a escribir a D.ª Cecilia: *La empresa de la Zarzuela me ha pedido oficialmente* La vida breve, *ofreciendo representarla en perfectas condiciones artísticas. Respondí que por mi parte accedía con el mayor gusto y les recomendé que escribieran a Eschig.*

Tendría que transcurrir mucho tiempo para que *La vida breve* fuese representada en el Real. Así, pues, los honores del estreno en España se los llevó el Teatro de la Zarzuela la noche del 14 de noviembre de 1914 con un reparto excepcional: Luisa Vela, Teresa Tellaeche, Rafael López, Francisco Meana y Emilio Sagi-Barba; la dirección de orquesta estuvo a cargo del maestro Pablo Luna, célebre compositor de zarzuelas. El éxito fue más clamoroso de lo que habían imaginado y Falla tuvo que salir repetidas veces a saludar desde el escenario y al terminar la representación fue acompañado hasta su casa por una multitud de personas que no cesaban de aclamarlo.

Tras Madrid, la obra fue difundiéndose por otras provincias españolas y, una vez concluida la guerra mundial, por los principales teatros del mundo.

La noche del 23 de enero de 1915 se celebró la última función en la Zarzuela, era la representación número 32, a beneficio de los autores. Al concluir la misma, Luisa Vela cantó, acompañada al piano por el propio Manuel de Falla, las *Siete canciones populares españolas*. Era el estreno en un teatro, porque unos días antes, el 15 del mismo mes, habían sido dadas a conocer por los mismos intérpretes en un concierto homenaje a Falla y a Turina en el Ateneo de Madrid.

La obra, que permite un lucimiento personal de la voz, se difundió rápidamente. Hasta 1950 no apareció la versión orquestal realizada por el discípulo predilecto de Falla: Ernesto Halffter. Halffter había trabajado en la orquestación de la obra unos años antes y la presentó a Falla para su aprobación. Pero el maestro le hizo por carta una serie de indicaciones y aplazando otras para una próxima entrevista. La carta estaba fechada en abril de 1946 y Falla murió en noviembre, sin que hubiese podido puntualizarle todas las modificaciones que consideraba necesarias en la orquestación. Halffter, antes de entregar la partitura a la editorial, corrigió todo lo que el maestro le había indicado. Muy posteriormente Luciano Berio realizó una nueva orquestación y ambas, según el timbre de voz de la intérprete o del intérprete, se programan indistintamente en la actualidad, así como la versión original con acompañamiento de piano.

Pero la vida de Falla en Madrid no se reduce exclusivamente a la música, que sin duda es lo que más destaca. Su vida familiar, su vida social es muy amplia pues, aunque sigue predominando en él una cierta timidez, no deja de extender con amplitud su círculo de amistades. Y por encima de todo su vida interior, su religiosidad. Esta prevalecerá sobre cualquier interés.

Ricardo Viñes, en su diario, recoge algunos de estos rasgos: *En Madrid habitábamos una casa al lado de la suya en la calle de Lagasca. Yo le veía a menudo en la iglesia y no olvidaré jamás la transformación de su rostro cuando él rezaba de rodillas.*

Leía habitualmente el evangelio, y algunos libros de espiritualidad que había comprado en Francia. Ya en

145

Madrid, uno de los primeros libros que adquiere es un libro de pensamientos extraídos de los escritos de San Francisco de Sales por Jaime Balmes.

En París iba a misa los domingos con Turina, y cuando este se casó con Obdulia Garzón en uno de sus viajes a España, eran los tres los que cumplían el precepto dominical. Pero Falla, en sus últimos años parisinos acudía a misa diariamente.

En otro ámbito de su vida, el mismo Viñes, narra una anécdota simpática que denota la humanidad del maestro. Desde joven Falla fue perdiendo el pelo hasta el extremo de que durante sus primeros años en Francia la calvicie era bastante notoria. Para recomponer su imagen, durante tiempo utilizó un peluquín, aunque este, en más de una ocasión, le causara algún incidente humorístico con el consiguiente sonrojo. A su retorno a España, en 1914, recuerda Viñes en relación con la peluca, *«al pasar el puente internacional la tiró por la ventana del vagón»*.

Su corazón permanecía apegado a París, a sus amigos franceses y en particular a Ravel, a quien admiraba por su música y por su patriotismo ya que, como otros tantos amigos, había querido alistarse en el ejército, pero por su débil constitución fue declarado inútil. No conforme con esta decisión se presentó nuevamente como voluntario en los servicios de Sanidad Militar.

Falla siempre estuvo muy unido a su familia, sentía una especial veneración por sus padres. Con María del Carmen vivió hasta el final de sus días, siendo testigo del sacrificio personal para cuidarle. Germán llegó a París poco tiempo después que Manuel, para estudiar la carrera de arquitecto. Por sus afinidades se movieron en círculos muy diferentes, aunque pasaron muchas horas juntos y algunas fiestas las pasaban en casa de su tío Pierre Matheu. Allí conoció a la que sería su mujer en 1929: María Luisa López de Montalvo. Residieron en El Salvador durante largos años; allí nació Maribel, que además de sobrina fue la ahijada de Manuel, quien siempre sintió por ella un predilecto cariño. Germán se convirtió en un arquitecto de reconocida fama internacional por su colaboración en grandes proyectos en distintas capitales de Europa y América.

En aquellos años el ambiente musical en España fue cobrando intensidad y calidad en el desarrollo de actividades. La guerra mundial había concentrado un gran número de personalidades, españoles y extranjeros que buscaban una seguridad en España, dispuestas a trabajar seriamente en el panorama de la música, por lo que proliferaron iniciativas, algunas de ellas relevantes y de envergadura, que acabada la contienda bélica representaron para España un prestigioso reconocimiento internacional allá donde fueran.

Una de estas iniciativas fue la Sociedad Nacional de Música, que tenía como objetivo promover la música de cámara contemporánea en España y que aglutinó a figuras notables como las que figuraban en su Comité Artístico: Conrado del Campo, Bartolomé Pérez Casas, Joaquín Turina, Francisco Fúster Virto, Amadeo Vives y el propio Manuel de Falla. El programa del primer concierto, celebrado el 8 de febrero de 1915, llevaba extensas notas de Adolfo Salazar, entonces un joven de 25 años, que llegaría a ser unos de los más importantes críticos hispanos, además de un excelente musicólogo.

El concierto de la Sociedad Nacional de Música celebrado el 8 de febrero de 1915 en el salón del Hotel Ritz está dedicado de manera particular a Turina y a Falla. La primera obra interpretada fue el *Quinteto* de Turina, continuó después con tres piezas pianísticas de Granados, después el propio Falla acompañó al piano a la soprano Josefina Revillo en el estreno de su *Oración de las madres que tienen a sus hijos en brazos*, que con letra de Gregorio Martínez Sierra había compuesto en esos días; siguió el concierto con los mismos intérpretes y las *Siete canciones populares españolas*, para terminar con el *Concierto para tres pianos y pequeña orquesta* de Bach, con Turina, Falla y Salvador en el piano y una pequeña orquesta dirigida por Pérez Casas.

La *Oración...* tuvo una buena acogida, ajena a sus valores, ya que se trataba de una obra de circunstancias, de una manifestación contra la guerra, pero la composición no es representativa de Falla y la letra insulsa y sentimental, característica de los escritos de Martínez Sierra (modernamente se ha confirmado algo que en aquellos años estaba bajo sospecha, y es que María Lejárraga fue la verdadera autora de parte de los escritos aparecidos con el nombre de Gregorio Martínez Sierra y otros en colaboración). Gregorio era fundamentalmente un reconocido director de teatro para el que escribió varias obras, *Canción de cuna* fue la de más éxito, dulces y sentimentales, que el público recibía con agrado; María era también escritora en la misma línea. Tal vez porque Falla en aquellos años tuviese un gusto literario en ese mismo sentido, o porque nadie fue capaz de advertírselo, el hecho es que en esos siete años ejercieron una influencia notable sobre el maestro, si bien hubo algunas aportaciones valiosas como *El amor brujo* y *El sombrero de tres picos*, en otras ocasiones le hicieron dedicar un tiempo y unas energías tan valiosas en proyectos de poca categoría.

El matrimonio Martínez Sierra había conocido a Falla en París, en 1913, y llegaron a ser grandes amigos y colaboradores del compositor, si bien, hay que reconocer, un tanto interesados. Falla escribió numerosas ilustraciones musicales para las obras del matrimonio. Amistad y colaboración que duró hasta 1921 como se detallará más adelante, aunque ya en 1915 surgieron algunas diferencias, en especial con María: El hecho fue que en los días últimos de marzo y primeros de abril de 1915 Falla hizo un viaje por algunas ciudades de Andalucía acompañado por María Lejárraga. Ella le propuso recoger las impresiones poéticas y musicales que las diversas ciudades le producían a ambos y convertirlo luego en un ciclo de canciones que tendría como título genérico *Pascua Florida*, por ser esa la época en la que hicieron el viaje. Se verían reflejados aires de Granada, Ronda, Algeciras, Cádiz y Sevilla. Falla se sintió atraído por el tema, aunque fue demorando la composición, a pesar de que María le ofreció con prontitud los textos de las canciones, por lo que no dejaba de apremiarle. Se desconoce cuándo concluyó Falla la música; únicamente se tiene referencia de *El pan de Ronda que sabe a verdad*, de 1915. El resto de las canciones parece que llegaron también a tener una música «*sabia y desgarrada, en la cual, bajo la serenidad de la melodía dictada en cierto modo por las palabras, ponía la armonía soledades amargas y negrísimas melancolías*», en frase de la escritora. El hecho cierto es que al enterarse Falla de que María Lejárraga estaba trabajando en un proyecto similar con Joaquín Turina, su Álbum de viaje, op 15, se encendió de ira y destruyó el original, según describe la escena la propia autora en sus memorias: *Dejándose vencer por su demonio, el de la ira negra, se apoderó violentamente del pergamino tan cuidadosamente caligrafiado, y le hizo mil pedazos, sin pronunciar palabra.* Pero el motivo del origen de esa obra de Turina también había sido causa de preocupación de Falla por las buenas relaciones del matrimonio Martínez Sierra, ya que cuando horas antes del estreno de *El amor brujo*, el compositor le escribe a María, que ha quedado en Sevilla tras el viaje que realizaron por Andalucía, indicándole que durante un almuerzo con su esposo, Gregorio, este le ha comentado que no le gustaba nada el proyecto de María de hacer sola un viaje con Turina para recorrer el norte de África, *por mor del mar*. Unas palabras que encerraban un significado mucho más amplio y fácil de entender.

La génesis de *El amor brujo* comenzó en noviembre de 1914, cuando Gregorio Martínez Sierra fue a ver al compositor: *Pastora quiere que le hagamos una canción y una danza.* Falla no conocía personalmente a Pastora Imperio, célebre ya por su genuino arte. El compositor y el autor del texto pasaron horas con Pastora y sus familiares, especialmente con su madre, Rosario la Mejorana, ilustrándose de los cantes, tradiciones y aires gitanos, hasta el extremo de que *la canción y la danza* tomaron cuerpo y se convirtieron en una obra, gitanería la denominaron, con un argumento que contenía danzas, canciones, poemas… Falla trabajó febrilmente en esta obra y en unos tres meses la tuvo concluida y se fijó la fecha del estreno para el 15 de abril. Mientras se desarrollaban los ensayos y Gregorio preparaba el estreno de una obra suya que tendría lugar días antes, Falla cumplió su viejo sueño de conocer Granada, que tan presente estaba en su obra, y saludar a viejos amigos a la vez que establecer nuevas amistades, algo que le resultaba tan grato. Este es el viaje en el que también figuraba María Lejárraga, quien enmarcaba todas las bellezas paisajísticas y arquitectónicas con su estilo poético genuino. Falla recreó su espíritu al descubrir la belleza de las calles y de las plazas, el ensueño de La Alhambra que le dejó emocionado, el enigmático Sacromonte. Todas las impresiones que ahora percibía superaban con creces la imaginación que él había tenido que derrochar para ambientar su inspiración en sus obras localizadas en Granada: *La vida breve*, *Los nocturnos* (en fase todavía de creación), *El amor brujo*. El abundante material que le habían remitido en su momento, descripciones, fotografías, dibujos... distaba de alcanzar mínimamente la realidad de aquella presencia física de Granada.

El viaje prosiguió a través de Ronda, donde una de las vivencias de aquellas horas fue el origen de la canción sobre el pan, Algeciras y Cádiz, donde fue recibido con carácter de acontecimiento, el lunes 5 de abril: *Era esperado por una nutrida comisión de gaditanos, por el director de la Real Academia de Santa Cecilia y por sus íntimos amigos los 'amateurs' señores (Manuel) Quirell y (Melquíades) Almagro. Después recorrieron la población. Mañana marchará a Sevilla en el expreso. El compositor Falla seguirá para Madrid, para asistir a un estreno, y la esposa del señor Martínez Sierra recogerá en Sevilla al maestro Turina, para asistir a la reprise de Margot en Madrid.* Es la breve reseña de la prensa local.

Fueron tan solo unas horas, pero cargadas de emoción, por el cariño que le demostraban sus amigos y paisanos y por todos los recuerdos de juventud que vinieron a su mente.

Y en medio de aquel reconocimiento público que tanto le embargaba surgió un punto de inquietud: un telefonema de Madrid, firmado por Gregorio y Pastora: *Creo que es preciso que venga don Manuel enseguida para evitar disgustos serios.*

El día 7 llegaba Falla a la estación de Atocha de Madrid y tras saludar a su familia se presentó en el Teatro Lara, donde se preparaba el estreno. En el transcurso de los ensayos habían surgido algunas dificultades técnicas y otras de carácter musical que requerían algunas modificaciones y adiciones en la partitura. El compositor se puso a trabajar para subsanar aquellas dificultades. La noche del estreno, el 15 de abril, todos aguardaban impacientes. La obra se desarrolla en una cueva de Granada. La ciudad se identificó primeramente con Cádiz, pero desde el viaje de Falla a Granada quedó localizada en esta ciudad.

En la representación intervinieron, además de Pastora Imperio, su madre; Vito, el hermano; la cuñada; la hermosa gitana Agustina y su hija María del Albaicín. La reducida orquesta estuvo dirigida por José Moreno Ballesteros. La parte de piano la tocó su hijo, Federico Moreno Torroba, el que luego sería autor de brillantes partituras de zarzuela.

La obra empezó bien, con momentos brillantes a lo largo de la representación, pero fue decayendo hasta

152

convertirse en un fracaso. Ni público, ni crítica, dieron buena acogida a la obra. Fueron muy aislados los comentarios favorables. Con posterioridad se ha atribuido también el fracaso del estreno a la estructura teatral de la obra y a las circunstancias de aquella noche: La *gitanería* sirvió como colofón para cerrar la sesión de noche de una representación de otra obra teatral. Además, la interpretación, se centraba de manera casi exclusiva en Pastora, que bailaba admirablemente, pero que también cantaba y declamaba y en esto ya no estaba a la misma altura.

Aunque la obra siguió representándose en la capital y en provincias, Falla inicia un largo camino de revisiones y versiones (de concierto, de piano, para diversos instrumentos), que duró casi diez años. Fundamentalmente fueron reforzar briosamente la orquesta y suprimir gran parte de las canciones y de las partes declamadas. Se hicieron cambios en el argumento e incorporaron otros personajes, de tal manera que la versión escénica tuviese más atractivo; en estos cambios tuvo una gran participación el propio Falla. El sencillo argumento de *El amor brujo, gitanería en un acto,* lo describe Pahissa en breves líneas: *Carmelo corteja a una joven y bella gitana, Candelas, que corresponde a su amor. Pero entre ellos se alza siempre el espectro de un antiguo festejador de Candelas, un gitano, ya fallecido, brutal y disoluto. Para librarse del espectro, Carmelo imagina un ardid. Convence a una amiga de Candelas, muy bella, también, y atractiva, de que intente distraer al fantasma para que cese en su persecución. Y, efectivamente, al aparecer de nuevo, el fantasma queda fascinado por la encantadora amiga y abandona a los dos enamorados.*

El estreno de esta nueva versión del ballet tuvo lugar en París, en el Trianon Lyrique, el 22 de mayo de 1925, con Antonia Mercé «La Argentinita» y Vicente Escudero. Al frente de la orquesta estuvo el propio Falla. El éxito fue arrollador y la obra caló en todos los ambientes, convirtiéndose en una de las más representativas del compositor.

Un espectador de confianza, Juan Gisbert, describió el estreno: *Se había interpretado la* Historia del Soldado *de Stravinsky, que fue acogida con protestas y aplausos, desde luego con escándalo. En el palco estábamos Mme. Debussy, María del Carmen Falla, Eduardo Marquina y yo. Marquina me dijo: ¿Qué nos pasará ahora a nosotros? "Nosotros" éramos, naturalmente, el* Amor Brujo *y Falla. Desde los primeros acordes, el público estaba ya fascinado. Los aplausos se repitieron en toda la obra y cuando al fin llegó* La Danza del Fuego, *y cayó el telón, el entusiasmo fue delirante y hubo de bisarse la parte. Antonia Mercé y Vicente Escudero, de la mano de Falla, fueron paseados en triunfo por el escenario.*

Y una vez más el rasgo generoso de Falla, referente a los derechos de autor: el texto de la versión de 1915 se había recortado y modificado, una vez suprimidos diálogos y partes declamadas; se cambió de escenario y hasta parte del argumento. La participación del matrimonio Martínez Sierra en la nueva versión quedaba bastante reducida y así lo hizo saber el compositor, aunque no se reajustaron los porcentajes de derechos de autor concertados en 1915. Cuando años más tarde, por circunstancias de la guerra de España y luego de la Segunda Guerra Mundial, Falla pasó por una auténtica penuria económica, se dirigió por carta a Gregorio solicitando una revisión escrita de las condiciones de los derechos de autor, este no estuvo a la altura de las circunstancias, como no lo estuvo a la muerte del maestro, al que sobrevivió un año. Y es que desde mediados de los años veinte, cuando ya se habían distanciado de Falla, el matrimonio Martínez Sierra se separó. La vida privada de Gregorio distó mucho de la ejemplaridad, así como sus relaciones con el compositor. Por el contrario, María Lejárraga, además de mantener la colaboración literaria con su marido, cuando tuvo que dirigirse a Falla lo hizo con corrección y amabilidad. Sus recuerdos, aunque suavizados en sus asperezas, no dejan de ofrecernos un retrato bastante fiel del maestro en su libro *Gregorio y yo* (Pág. 127-128), publicado en 1953 en México: *Era Falla de temperamento no ya nervioso, sino "chispisaltante". Su exagerado sentimiento de dignidad personal, su fe en la calidad de la obra, su maniática exigencia de perfeccionarla hasta lo infinito, hacían de su trabajo una especie de tortura, algo como un autotormento en el cual a un tiempo se destrozaba y se complacía. Yo, que durante mucho tiempo le he visto trabajar y he fingido reírme de su meticulosa autocrítica para endulzarle un tanto la amargura del negro vivir, sé lo que hay de fiebre y de bilis en esas melodías desgarradas y desgarrantes que hoy se aceptan como cosa natural, fruto de un árbol lozano y feliz, hijas de una inspiración superabundante. Cierto, la inspiración era en Falla siempre fresca y clara, sin vacilación ni duda, a modo de comunicación divina, inmediata y certera. Mas la realización, aquel poner sobre el pentagrama, con aquella escritura musical cuidada y elegante, los imperiosos dictados de la voz interior, no era cosa fácil ni fiesta de dioses. Alfarero exigente, daba vueltas al torno perfilando una frase, afinando el contorno del vaso, y una vez terminado, lo rompía arrojándole al suelo, y volvía a empezar. "¿Está mejor así? ¿O así? ¿O de este otro modo?", preguntaba, por preguntarse a sí mismo, a quien acertaba a estar a su lado mientras trabajaba. Yo, a la verdad, las muchas veces en que me tocó ser testigo de sus dudas, puesto que fuimos colaboradores y él me dispensaba el honor —tal vez mera apariencia— de fiarse no de mi opinión, sino de mi gusto, no encontraba gran diferencia entre una y otra versión y respondía, sospechando que no me escuchaba: "Así me parece mejor". Aquella profana opinión mía parecía aquietarle un momento, mas pronto volvía a la contradicción de sí mismo y a la interior pelea. No fue tarea fácil el arte perfecto de Manuel de Falla.*

NOCHES EN LOS JARDINES DE ESPAÑA

Retrocedamos a 1915, cuando las relaciones con María y Gregorio eran cordiales y la colaboración artística intensa. Poco después del estreno de *El amor brujo*, los Martínez Sierra se trasladaron a Barcelona con su compañía de teatro para debutar en el Novedades. Invitaron a Falla, que de esta manera pasó casi seis meses en la Ciudad Condal, en el piso de sus amigos, en la calle Rosellón. Pudo así, volver a saludar con gran alegría al que, años atrás, fuera su contrincante en el concurso de piano, Frank Marshall; conoció a otros personajes de la vida musical catalana; el compositor Roberto Gerhard, a Jaime Pahissa, que pasados los años sería el autor de la única biografía de Falla revisada por el propio compositor. Así rememora Pahissa en su libro aquellos días: *Fue en esta época cuando nos conocimos. Vivía Falla en un piso de la calle Rosellón, a dos manzanas de mi casa. Algunas veces fui a verle a su casa, y también vino él a la mía. En* *esta temporada teatral se representó Otello de Shakespeare,* *con unas breves pero bellísimas ilustraciones musicales de* *Falla. Recuerdo que un día, a la caída de la tarde, con* *mi amigo Peypoch —que me había ponderado la música* *de El amor brujo cuando la representó Pastora Imperio en* *Barcelona y me llevó a oírla— pasando por la Rambla,* *encontramos a Falla y le dijimos cuánto nos habían placi-* *do aquellas delicadas ilustraciones de Otello, como la tan* *sentida y fina Canción del sauce, de Desdémona.*

—¿Y aquellos sones de trompetas, nobles y originales? *—preguntó mi amigo.*

Rápidamente Falla reivindicó la paternidad:

—Las trompetas también son mías —dijo.

Eran algunas de las muchas ilustraciones musicales que Gregorio, a través de María, pedía a Falla para sus obras teatrales o las que representaba su compañía.

En pleno verano se trasladó a Sitges, invitado por Santiago Rusiñol, cuyo libro *Jardins d'Espanya* fue una de las fuentes de inspiración para la obra en la que trabajaba, pero no se alojó en El Cau Ferrat sino en el hotel Subur. El pintor le enseñó los tesoros artísticos que contenía la mansión, incluso un viejo piano desafinado en el que habían tocado todos los artistas que por allí habían pasado. Falla, en ese ambiente de serenidad y la contemplación del paisaje marítimo, se dispuso a trabajar en sus *Nocturnos*. Después de que el afinador hiciera un admirable trabajo, le preguntó:

—¿Cree usted que el piano podrá resistir?

— Si usted toca para darse gusto no respondo de lo que *pueda pasar.*

157

Pero el piano resistió y Falla pudo concluir sus *Noches en los jardines de España,* que es como definitivamente se llamó. Una obra orquestal en la que el piano está integrado en la orquesta como un instrumento más, aunque relevante, pero no con las características de los conciertos para piano y orquesta. Está compuesto de tres partes: *En el Generalife, Danza lejana* y *En los jardines de la Sierra de Córdoba.*

Gregorio Martínez Sierra sugirió inmediatamente convertir la obra en un *ballet,* pero Falla, por fortuna no aceptó la idea y a su regreso a Madrid preparó el estreno, fijándose la fecha del 9 de abril de 1916. Está dedicada al pianista Ricardo Viñes, por ser el artífice de convencer a Falla para que la obra, prevista inicialmente para piano solo, se transformase en pieza orquestal. Debía también estrenarla, pero la propuesta llegó demasiado tarde y así le escribe al compositor, el 15 de marzo: *¡Ay que justo, justito! Tanto que me temo sea irrealizable eso de estrenar yo sus Nocturnos... lo importante es retrasar lo más posible la fecha de su estreno a fin de tener el tiempo material de presentarlos decentemente. Y ya sabe Vd. lo largo que es aprender una obra de esa importancia cuando no existe más que manuscrito, máxime para el que como yo es corto de vista.* Lo que no sabía Viñes es que, por esas fechas, y hasta el 27 de marzo, estuvo Falla retocando la obra. No la interpretó entonces, pero sí lo haría después en numerosas ocasiones a lo largo de su dilatada carrera artística.

El estreno tuvo lugar en la fecha señalada en el Teatro Real de Madrid, con José Cubiles, que entonces contaba 21 años, al piano y la Orquesta Sinfónica de Madrid, bajo la dirección de Enrique Fernández Arbós.

Se cuenta la anécdota de que al estreno asistió un entonces joven Rubinstein, ya afamado pianista, y que la obra no le gustó: no existen, efectivamente unos finales vibrantes que conmocionen al público para arrancarle la ovación. Al final de la obra, el piano y la orquesta se van apagando lentamente hasta hacerse imperceptibles. Es otra forma de emocionar. Rubinstein tuvo que escuchar la obra en distintos conciertos para enamorarse de ella; luego llegó a realizar varias grabaciones en distintos años y con orquestas diferentes, consideradas como trascendentales e imperecederas.

Pasó al repertorio de los grandes pianistas. Como detalle simpático cabe destacar la admiración que despertó la obra en Frank Marshall, hasta el extremo de que la interpretó tantas veces en Barcelona que acabaron por llamarle *el jardinero*.

El mismo Falla al piano la estrenó en Queens Hall de Londres, en 1921, dirigida por Edgard Clark. Entre las personas que entraron a saludarle al camerino se encontraba el escritor Bernard Shaw.

Singular y emocionada fue, también, para los gaditanos el concierto en el que se interpretó la obra, con Turina en el piano y Falla dirigiendo la orquesta.

La edición de las *Noches en los jardines de España. Impresiones íntimas*, que era el título y el subtítulo exacto, tuvo su historia relevante en el sentido de que contiene otro rasgo de generosidad del maestro: Durante la guerra mundial Max Eschig había sido internado en un campo de concentración bajo la sospecha de espionaje, por lo que la editorial se hundió. Al concluir la conflagración hubo de partir de la nada. Falla le ofreció lo que tenía y

159

las obras para editar, tras rechazar ofertas más ventajosas, pero no podía olvidar lo que Eschig había hecho por él en sus comienzos. Pasados los años, variaron las circunstancias y Falla se vio en la necesidad de cambiar de editor.

También en plena Guerra Mundial había desembarcado en España Serguéi Diaghilev con sus Ballets Rusos, con un continuo devenir de problemas políticos y económicos, en el que Falla tuvo que intervenir, de manera directa e indirecta a través de amigos, para solventarlos. Cuando Diaghilev escuchó las *Noches...* pensó inmediatamente en transformarlo en un ballet, la misma idea de Martínez Sierra. Viajó con el compositor a Granada que tocó la obra en el patio del Palacio de Carlos V con la Sinfónica de Madrid. Diaghilev dibujó en su mente el desarrollo de la obra en un escenario inspirado en los salones y en los patios de la Alhambra, así como en los jardines del Generalife: Damas envueltas en mantones de Manila, caballeros de smoking... Sí, era tentador; pero Falla salió pronto de dudas y no aceptó la propuesta. En cambio, le ofreció la posibilidad de convertir en *ballet* la obra en la que ya estaba trabajando: *El corregidor y la molinera*, basada en la novela de Pedro Antonio de Alarcón, *El sombrero de tres picos*.

Parece como si la Primera Guerra Mundial, en la que España se mantuvo neutral, estremeciera también los cimientos de nuestra tierra: en torno a 1917 estalla una crisis política y social que hizo tambalear los cimientos más profundos sobre los que se encontraba asentada la pacífica convivencia ciudadana: partidos políticos atomizados y personalistas, desorden administrativo, inseguridad ciudadana, convocatoria de la primera huelga revolucionaria en España, intervenciones militares para resolver conflictos civiles, descontento general... Todo ello ofrecía un panorama desazonador y desalentador que perduró durante varios años.

A Falla le afecta vivamente esta inquietud política y social; aparte de que la Guerra Mundial le está creando problemas económicos al no poder serle transferidos desde París los derechos de autor correspondientes y la limitación de la interpretación de sus obras en Europa. Pero todo aquello fue como una pesadilla pasajera: La paz retornó y la vida cotidiana se fue posesionando nuevamente de las personas, al menos cerrando heridas, cuando no cicatrizándolas.

EL SOMBRERO DE TRES PICOS

El corregidor y la molinera era un proyecto antiguo. Falla ya había pensado en él al inicio de su carrera de compositor. En 1904, cuando el Concurso convocado por la Real Academia de Bellas Artes de San Fernando, barajó tres temas para presentar una ópera en un acto: *Paolo y Francesca, La vida breve* y *La pícara molinera* (basada en la novela *El sombrero de tres picos* de Pedro Antonio de Alarcón. La suerte recayó en la segunda con el acierto del triunfo. Ahora fijaba su mirada en la tercera. Pero esta planteaba serios problemas de tipo legislativo: una cláusula testamentaria de Pedro Antonio prohibiendo llevar al teatro sus novelas. Los herederos, pues, no daban su autorización. Se podía argumentar que el tema en sí era anterior a la novela pues existía, un sainete y unos romances populares que recogían las vicisitudes de la Molinera

161

y el Corregidor. El tema ya había sido utilizado por otros compositores, aunque con escaso éxito. Falla optó por otra salida más airosa y liberada de todo conflicto: una pantomima. Tras varias negociaciones al fin se le concedió la autorización.

Ahora entraban también en esta marejada y de una manera más plena los Ballets Rusos y su director Sergei Diaghilev. Esta compañía, digna representación de la Rusia imperial, se encontraba en España cosechando los más extraordinarios éxitos cuando se produjo la revolución rusa de 1917. Sin un reconocimiento y el apoyo económico oficial quedaron varados en tierra extraña. Diaghilev acudió a Falla para que por su mediación buscase algún arreglo a tan compleja situación diplomática y financiera. De ello se ocupó Leopoldo Matos, amigo de Falla, a quien en agradecimiento le dedicó su obra *El sombrero de tres picos.*

Diaghilev había puesto sus miras en convertir en un *ballet Noches en los jardines de España,* e incluso viajaron a Granada con Falla para conocer la ciudad y visitar la Alhambra, donde se hicieron un reportaje fotográfico que apareció en numerosos medios gráficos con repercusión mundial y todavía siguen apareciendo algunas de las fotografías ilustrando biografías e historias de la época. También dieron varias actuaciones en el Teatro Alhambra de Granada. A Falla no acababa de convencerle la idea de convertir sus *Noches* en un *ballet* desarrollado en al Patio de los Leones y en el Generalife; aunque los Martínez Sierra la apoyaran de manera entusiasta. Falla le ofreció a Diaghilev la nueva obra en la que estaba trabajando: *El sobrero de tres picos.*

162

La obra en forma de pantomima era como una primera versión de lo que sería el *ballet,* pero las diferentes circunstancias que se originaron en todos los órdenes con el estallido de la Guerra Mundial alteraron el trabajo de Falla, que ya trabajaba en otras dos obras: *El fuego fatuo* y *El retablo de Maese Pedro.* El estreno, pues, de la pantomima se realizó en el teatro Eslava de Madrid en 1917 y con el título de *El corregidor y la Molinera.* Dirigió la pequeña orquesta de diecisiete profesores el Maestro Joaquín Turina. Resultó un éxito, aunque no apoteósico, y hubo también alguna crítica. Diaghilev asistió a una de las representaciones y le sirvió para sugerir a Falla algunas modificaciones a efectuar tanto en el libreto como en la música.

Falla acomete esas modificaciones, reestructuración y creación de nuevas y decisivas páginas de partituras y así surgió *El sombrero de tres picos.* Diaghilev le apresura, desde Londres, donde trabaja ya en el montaje de la obra:

En lo que concierne a su ballet El sombrero de tres picos, se nos ha ocurrido la idea siguiente: como habrá un hermoso telón de boca de Picasso que se verá justo antes de que comience el ballet, no estaría mal que se tocara una pequeña obertura y nos parece muy indicado utilizar una de las tres piezas para piano que usted ha titulado Andalucía (en realidad son cuatro piezas y a la que se refiere Diaghilev se denomina Andaluza) *—si no estuviera orquestada ¿podría hacerlo usted? en una tonalidad que corresponda al comienzo del ballet—. Es una de sus más bellas obras y quedaría muy bien situada.*

Picasso también cree que resultaría muy típico agregar la "voz" humana a algunos números del ballet como la jota, la farruca, etc., piensa que es muy español.

(...) Massine está montando el ballet y Picasso está haciendo una maravillosa escenografía. Estará usted muy satisfecho.

Falla la contesta dos semanas después aceptando esas sugerencias, pero aplazando el resultado final hasta su llegada a Londres. Allí llega en los primeros días de julio de 1919 y ultima los retoques convenientes a la vez que asiste a los ensayos previos al estreno de la obra en el Teatro Alhambra, prevista para la noche del 22 julio por los Ballets Rusos, coreografía de Massine, orquesta sinfónica bajo la dirección de un joven Ernest Ansermet, y vestuario, telón de boca y decorado de Pablo Ruiz Picasso.

Pero unas horas antes del inicio de la representación llega al teatro un telegrama dirigido a Falla por sus hermanos desde Madrid con un contenido lacónico: *madre muy enferma; ven enseguida.* Comprendió inmediatamente lo que quería decir y puso todos los medios a su alcance para abandonar Londres lo antes posible. No se puede atravesar todavía el Canal de la Mancha por las consecuencias de la Guerra Mundial recién acabada y tiene que hacerlo por el Havre. Todos los artistas de la compañía, como muestra de cariño que siempre recordará Falla, le acompañaron a la estación. En París reemprende el viaje en tren, medio que utiliza ya en España para llegar a Madrid. En la parada en una estación se baja para tomar algo líquido y compra un periódico de la capital donde puede leer la noticia de la muerte de su madre. Llegó a casa con el tiempo de besarle la frente y acompañarla al lugar del descanso eterno. Fue un año trágico en el aspecto familiar ya que unos meses antes, el 12 de febrero, había fallecido también su padre.

No pudo, pues, saborear el clamoroso éxito logrado en Londres. Unos días después recibió un telegrama de Diaghilev: *triunfo público y prensa interés artístico enorme salas llenas felicidades recuerdos dé noticias suyas.* Y entre las muy diversas felicitaciones y pésames recibidos se encuentran unas líneas del poeta Juan Ramón Jiménez: *El mismo día leí en El Sol su tristeza de hijo y su éxito de músico. Le mando un abrazo fuerte.*

Transcurrido poco tiempo su editor, Chester, le sugiere la creación de dos Suites orquestales extraídas del *Tricorne*, como es conocida la obra en el extranjero.

Por esas fechas Falla había abandonado por completo, afortunadamente, *Fuego fatuo* una ópera cómica con libreto de María Lejárraga y la música de Chopin orquestada por el Maestro: Trabajo al que había dedicado bastantes horas y estaba bastante avanzado. Hubiese sido un rotundo fracaso pues se trataba de un deleznable y ñoño tema y una música vulgar muy por debajo de las posibilidades del Maestro que en esa época se encontraba en sus años de esplendor. Con motivo del centenario del nacimiento de Falla, y puesto que el Maestro no destruía nada (1976), Antoni Ros Marbá extrajo una suite orquestal que estrenó en el Festival de Granada el 1 de julio de 1976 y posteriormente grabó en disco. Fue una confirmación de lo que algunos expertos le aconsejaron en su debido momento. Eran contratiempos que sumaban en el desencuentro con el matrimonio Martínez Sierra-Lejárraga.

Este mismo año 1919 compone también *Fantasía Baética*: *La única escrita por mí con intenciones «puramente pianísticas», en lo que a su técnica instrumental se refiere. Otra cosa: el título de «Baética» no tiene ninguna especificación* «especialmente sevillana». Con él solo he pretendido rendir homenaje a nuestra raza latina-andaluza. Así le confesaba Falla a Don José M.ª Gálvez Ruiz, Maestro de Capilla de la Catedral de Cádiz. Era, eso sí, su pieza pianística más extensa e importante. Se trataba de un encargo del entonces joven, pero ya brillantísimo pianista Arthur Rubinstein, quien en un rasgo de generosidad y a petición de Falla le encargó, previa entrega de un también generoso cheque, a Stravinsky una obra pianística como medio de ayudar a este compositor en unos momentos difíciles de su vida. Rubinstein ejecutó la *Fantasía* en Nueva York el 8 de febrero de 1920, en Londres en 1922, en Madrid, Málaga y Barcelona en 1923, y en Cádiz en 1926. Posteriormente la retiró de su repertorio motivando que no acababa de comprender la obra. No obstante, el propio Falla y otros relevantes pianistas españoles la interpretaron, y continúan haciéndolo desde entonces. Peor suerte corrió la obra de Stravinsky *Piano Rag-music* que no llegó ni a estrenarla: eran piezas endemoniadamente repletas de dificultades.

El 20 de mayo de 1920 se estrena *El sobrero de tres picos* en el Teatro de la Ópera de París con el mismo montaje y reparto de Londres. Dos testigos de excepción que se encontraban circunstancialmente en la capital francesa ese día relatan su impresión: se trataba de Cipriano Rivas Cherif y Azaña, que regresaban de Estrasburgo. Rivas Cherif comenta: *El estreno por la compañía de Bailes Rusos en la Opera de El sobrero de tres picos de Falla, me llevó a solicitar de nuestro antiguo conocido las localidades que no nos era fácil encontrar. Falla nos colocó a punto de empezar la representación brillantísima, en dos asientos de proscenio entresuelo.* En cuanto a Azaña, sus impresiones quedaron recogidas en un precioso ensayo, el trabajo más extenso y bello que dedicara a la música, publicado en el *Imparcial* en junio de 1920. He aquí un párrafo significativo: *La noche del estreno de* El sombrero de tres picos, *unos cuantos amigos abrazábamos a Falla en el pasillo del escenario de la Opera, estremecidos todavía por la emoción de su gran triunfo. Dos impresiones diferentes exaltaban nuestro ánimo: la belleza arrebatadora de la obra y el indecible entusiasmo del público. La música de Falla, servida por la coreografía de Massine y los telones y trajes de Picasso, acababa de revelar a París una España desconocida, harto distante, por fortuna, de la que suelen presentarnos en truculentas españoladas de "music-hall" a uno y otro lado de los Pirineos. Fruto de un talento de primer orden y en plena sazón (talento cuidadoso de su dignidad, exactamente informado, dueño de todos los recursos técnicos que la aplicación al trabajo puede proporcionar al artista), el efecto de la obra fue, por decirlo así, fulminante. El auditorio parecía sobrecogido, fascinado; escuchaba sin respirar; apenas sonó la última nota, la sala entera rompió en aclamaciones estruendosas; para liberarse de una emoción tan fuerte, el público necesitó vocear y aplaudir lo menos un cuarto de hora. Muy contento podía estar Falla; si es ambicioso de gloria, no habrá quizás soñado una consagración más solemne; pero yo sé de algún espectador que estaba aún más contento que el propio Falla, pues había encontrado (por raro caso entre sus contemporáneos) un hombre que sabe dónde está el manantial puro y que bebe en él.*

La actividad de Falla no se centra exclusivamente en sus composiciones. Es también un prestigioso pianista y un excelente director de orquesta. Es lógico que lo que

167

perduren sean sus obras originales, porque no existen grabaciones de ningún tipo recogiendo sus otras actividades,
pero su fama le llevó a actuar en diversos teatros y salas
de conciertos a lo largo y ancho de España, así como en
Londres, París y otras capitales europeas.

Además, escribía a petición de algunas revistas espe-
cializadas artículos o ensayos sobre música o compositores contemporáneos.

El sueño de Granada

Era un auténtico sueño: Granada. Las visitas que había
efectuado a la capital andaluza no habían hecho sino confirmar su enamoramiento, el anhelo de contemplar sus
calles, su paisaje, sus fuentes...

> *Las fuentes de Granada...*
> *¿Habéis sentido,*
> *en la noche de estrellas perfumada,*
> *algo más doloroso que su triste gemido?*
> *Todo reposa en vago encantamiento*
> *en la plata fluida de la luna.*
> *Entre el olor a nardos que se aspira en el viento,*
> *la frescura del agua es como una*
> *mano que refrescase la sien calenturienta.*
> *El agua es como el alma de la ciudad. Vigila*
> *su sueño, y al oído*
> *del silencio le cuenta*
> *las leyendas que viven a pesar del olvido,*
> *y bajo las estrellas de la noche tranquila*
> *tiene palpitaciones de corazón herido.*
> *¡La voz del agua es santa!*

Quien la profunda música de su acento adivina,
comprenderá algún día la palabra divina...
¡El agua es guzla donde Dios sus misterios canta!

¡Cuántas veces había leído esta casida de *El Alcázar de las perlas* de Francisco Villaespesa! O aquellas otras frases divertidas y evocadoras de Ángel Ganivet en su *Granada la bella*: *Un hijo legítimo de Granada no se contenta con llamar al primer aguador que pasa: la busca él, yendo a donde sepa lo que bebe. Hay aficionados al agua de Alfacar, a la de las fuentes de la Salud o de la Culebra, a la del Carmen de la Fuente y hasta a la de los pozos del barrio de San Lázaro; pero los grandes grupos, como quien dice los partidos de gobierno, son alhambristas y avellanistas,* por las famosas fuentes de la Alhambra y del Avellano que proporcionaban el agua más apreciada por los granadinos.

Vuelve de nuevo a su mente el antiguo deseo de vivir en Granada y para ello inicia gestiones con el fin de pasar una temporada en esta capital. Así pues, el 4 de agosto de 1919 escribe a su amigo Ángel Barrios:

> *Mi querido amigo. Muy de veras le agradezco su carta. Ya ve Vd. Que terrible ha sido mi regreso. Todo lo abandoné cuando recibí el telegrama comunicándome la gravedad de mi pobrecita madre, y en el primer tren hábil, dos horas antes del estreno, salí de Londres. Todo ha sido dolorosamente inútil. En fin, el Señor lo ha dispuesto así y no hay más que acatar su voluntad. Esta vida está llena de misterio y solo en lo futuro podremos ver la razón de las cosas. ¿Pasa Vd. el verano en Granada? Lo pregunto porque es muy posible que vaya con mi hermana del 20 al 25 para pasar un mes y trabajar con alguna tranquilidad.*

*Mucho le agradezco que me informe sobre precios y condi-
ciones de alojamiento modesto para los dos, en la Alhambra,
por supuesto.*

*¿Qué hay de tifus? Supongo, por lo que leo, que hasta
ahora solo se trata de una falsa alarma.*

Reciba un buen abrazo de su amigo que de veras le quiere.

Y un mes más tarde, una vez recibida contestación de su amigo, le vuelve a escribir para confirmar la decisión del viaje:

*Mi querido amigo. Decididamente saldremos de Madrid, mi
hermana y yo, en el correo del próximo miércoles haciendo
el viaje por Moreda y llegando a Granada, Dios mediante, el
jueves a las tres de la tarde.*

*Vienen con nosotros Vázquez Díaz (pintor muy notable,
cuyo nombre le será conocido) y su señora, y un niño de ambos, así es que le agradeceré mucho a usted haga el favor de
retener en la pensión Alhambra, a más de nuestras dos habitaciones, una más con dos camas para estos amigos.*

*No sabe usted cuánto me alegro de realizar al fin este tan
proyectado viaje, y de que pasemos unos días reunidos en la
maravillosa Granada...*

*Estos amigos nuestros lo serán pronto también de usted. Son
sumamente simpáticos, Vázquez Díaz es andaluz y su señora da-
nesa, también muy artista, escultora de verdadero mérito.*

*A nuestra salida de Madrid le enviaré a usted un telegrama
para mayor seguridad. Ruégole salude en mi nombre a su señor
padre, y usted reciba un fuerte abrazo de su amigo muy sincero.*

Manuel de Falla.

P.D. No necesitaré piano en la pensión.

Pero los artistas son los artistas, luego sí necesitó el piano
y hubo de subirlo a la habitación a través de un balcón.

Más tarde se trasladó a la Pensión Carmona, situada también en la Calle Real de la Alhambra.

Pocas horas más tarde de la llegada a Granada ya estaban dando el primer paseo por el palacio árabe contemplando el espectáculo deslumbrante de la puesta del sol desde la torre de Comares y el *cielo bajo*, ese paisaje nocturno de la ciudad desde los miradores de la Alhambra o el Generalife, en el que las luces de la ciudad o el Albaicín semejan una constelación celeste. La noche tuvo también su particular aliciente, la narra José Mora Guarnido:

> *...la reunión se celebraba en el jardín de la casa, a la sombra de un enorme árbol, entre arriates de arrayanes y mirtos. Ángel empezaba a puntear la guitarra, los presentes nos quedábamos en silencio, y, cuando la emoción llegaba a punto debido, don Antonio se ponía a cantar.*
>
> *Una noche de verano estábamos así reunidos, en el jardín a la sombra del árbol, y, para percibir más puramente el encanto de la música, habíamos apagado la luz. Alguien llamó a la puerta y Ángel salió a abrir. Pero, a aquella hora y estando la taberna cerrada, solo podían ser o parientes o amigos. Sin embargo, se encontró con un grupo de desconocidos, forasteros, artistas, uno de los cuales habló para decirle que habían oído la música y el canto y habían resuelto llamar para pedir que se les admitiera. Y para justificar esa presentación se nombraron. Eran el pintor Daniel Vázquez Díaz y su mujer, una escultora de origen sueco o noruego, Gustavo Bacarisas pintor paisajista algecireño, un tipo raro, Alejandro Mackinlay, escritor hispanoargentino que hacía dramas en verso francés y su señora emigrada rusa zarista, y finalmente, otro señor y otra señora que habían quedado con humildad para los últimos pero cuyo nombre y apellido repercutió entre todos como un campanillazo.*

Manuel de Falla... María del Carmen Falla...
Y a todos nos pareció que no podía ser.
¡Falla!... Pero ¿usted es Falla?
Pero era verdad.
... La visita no podía ser más grata y las medias granaí-
nas y las malagueñas flamencas que aquella noche nos cantó
don Antonio tuvieron la solemnidad y emoción mayores que
nunca, porque a Ángel le temblaban los dedos al comenzar a
puntear en las cuerdas y don Antonio miraba de reojo al vi-
sitante, inquieto tal vez de no dar a su canto suficiente vigor
y expresión.

Vivir en Granada. Concurso de cante jondo

Ya en 1920 y ante las continuas sugerencias de su amigo
Ángel Barrios decide trasladarse definitivamente a vivir
en Granada. Primero lo hace en la Pensión Carmona y
posteriormente se trasladará al Carmen de Santa Engra-
cia, también en la Calle Real de la Alhambra. La primera
obra fechada en Granada es el *Homenaje por le Tombeau
de Claude Debussy*; es una pieza corta para guitarra. Y
también escribe en *La Revue Musicale* el artículo *Claude
Debussy et l'Espagne*. Ambos trabajos se encuadran en el
Homenaje que quiere rendir a su admirado compositor
y amigo, a quien ya se le había dedicado otro el 27 de
abril de 1918, a poco de su fallecimiento, en el Ateneo
de Madrid y donde Falla pronunció la conferencia *El arte
profundo de Claude Debussy*.

Falla supo rodearse desde el principio de un grupo
de amigos que participaban con más o menos asiduidad
en las diversas tertulias que mantenían: Ángel Barrios,

Francisco Soriano Lapresa, Federico García Lorca (joven todavía pero ya prometedor), Manuel Ángeles Ortiz, Melchor Fernández Almagro, Miguel Pizarro, Ramón Pérez de Roda, Hermenegildo Lanz, José Navarro Pardo, Fernando Vilches, Francisco González Méndez, Rogelio Robles Pozo, Miguel Cerón, Alfonso García Valdecasas, Paco García Lorca, Fernando de los Ríos, José Mora Guarnido, Leopoldo Torres Balbás... Todos ellos intelectuales y artistas de primera línea.

En ese ambiente distendido y de confianza mostraba su forma de ser natural. Nadie escuchó de sus labios una frase malsonante o las típicas exclamaciones gruesas, y sus amigos se frenaban antes de pronunciarlas sustituyéndolas por expresiones más inocentes. Juan Viniegra recuerda que a Falla *no le gustaba, ciertamente, la vida social, y no gozaba en fiestas, ni espectáculos; pero le gustaban aquellas tertulias que tuvo en su casa o en el Café Alameda, donde se reunían sus buenos amigos.*

En la intimidad resultaba, francamente simpático, y, en sus ojos, bailaba con frecuencia cierta sonrisilla burlona de pura y fina esencia gaditana. Su rostro, no reflejaba, por tanto, siempre seriedad, pues sabía reír y cuando llegaba la ocasión, como el que más.

Es por entonces cuando rompe sus relaciones con los Martínez Sierra. Las exigencias del matrimonio en torno al proyecto de una obra titulada *Don Juan de España* no son aceptadas por Falla y ello provoca el distanciamiento, más con Gregorio que con María con la que mantendrá alguna que otra conversación, pero ya no habrá en el futuro ninguna colaboración artística. Los críticos reconocen que esto benefició al Maestro al evadirse de unos libretos que carecían de la brillantez que requería la música de Falla. No obstante, respetó siempre los derechos de autor que le correspondían al matrimonio.

Compone *Fanfare pour una fête* encargo de la revista *Fanfare*, de Londres, que la publica en su primer número.

A principios de 1922 se traslada al Carmen de la Antequeruela Alta, que se convertirá en la residencia definitiva granadina y por donde desfilarán grandes figuras de la música y del arte.

Paseando una tarde por el Generalife un grupo de amigos comentando sobre música, literatura, pintura… le propusieron a Falla: —*Don Manuel, y ¿por qué no celebramos un concurso de cante?* Y la respuesta del Maestro tardó unos segundos en llegar: —*Hombre, sí. Eso estaría bien.* Y así nació el concurso para defender la pureza del cante jondo: el Primer Concurso de Cante Jondo. Comenzaron los preparativos y las complicaciones pues no fue fácil aunar iniciativas, gestiones, convocatoria, etc. Consiguieron el respaldo y compromiso del Centro Artístico, Literario y Científico de Granada, una institución cultural granadina surgida en 1885 y generadora de proyectos tendentes a fomentar y difundir la cultura en su más amplia acepción, y la granadina en particular, mediante la organización de conferencias, tertulias, conciertos, exposiciones, etc.

Entre los promotores de primera línea figuraron el Maestro Manuel de Falla y Federico García Lorca, quienes supieron aunar a un buen nutrido grupo de entusiastas colaboradores: Fernando de los Ríos, Melchor Fernández Almagro, Miguel Cerón… y la presencia y adhesión de todos los grandes del Arte de aquellos años para dar realce a una expresión musical decaída y deformada. Falla escribió como preámbulo un extenso artículo en el que definía que *se da el nombre de cante jondo a un grupo de canciones andaluzas cuyo tipo genuino creemos reconocer en la llamada siguiriya gitana, de la que proceden otras, aún conservadas por el pueblo y que, como los polos, martinetes y soleares, guardan altísimas cualidades que las hacen distinguir dentro del gran grupo formado por los cantos que el vulgo llama flamencos.*

Esta última denominación, sin embargo, solo debiera en rigor aplicarse al grupo moderno que integran las canciones llamadas malagueñas, granadinas, rondeñas (tronco esta de las dos primeras), sevillanas, peteneras, etcétera, las cuales no pueden considerarse más que como consecuencia de las antes citadas.

Admitida la siguiriya gitana como canción tipo del grupo de las de cante jondo, y antes de subrayar su valor desde un punto de vista puramente musical, declaramos que este canto andaluz es acaso el único europeo que conserva en toda su pureza, tanto por su estructura como por su estilo, las más altas cualidades inherentes al canto primitivo de los pueblos orientales.

Todavía añade, en nota al pie de página, algunos aspectos más, aunque en mayor o menor medida referida a los *cantaores*: *Este tesoro de belleza —el canto puro andaluz— no solo amenaza ruina, sino que está a punto de desaparecer para siempre.*

Y aún ocurre algo peor, y es que, exceptuado algún raro "cantaor" en ejercicio y unos pocos "ex cantaores" ya faltos de medio de expresión, lo que queda en vigor del canto andaluz no es más que una triste y lamentable sombra de lo que fue y de lo que debe ser. El canto grave, hierático de ayer, ha degenerado en el ridículo "flamenquismo" de hoy (…).

Y la tercera parte del artículo está dedicada al otro componente esencial del cante jondo: la guitarra: *No daremos por terminadas estas notas sin especificar, aunque solo sea brevemente, la parte importantísima que corresponde a la guitarra española en las influencias o sugestiones a que venimos refiriéndonos.*

El empleo popular de la guitarra representa dos valores musicales bien determinados: el rítmico "exterior" o inmediatamente perceptible, y el valor puramente "tonal-armónico".

El primero, en unión de algunos giros cadenciales fácilmente asimilables, ha sido el único utilizado durante largo tiempo por la música más o menos artística, mientras que la importancia del segundo —el valor puramente "tonal-armónico"— apenas ha sido reconocido por los compositores, exceptuando a Domenico Scarlatti, hasta una época relativamente reciente (...). Y continúa desarrollando estos valores musicales. Total, una veintena de páginas.

No es, pues, de extrañar que, aunque el artículo apareció sin firma, fuese inmediatamente atribuido a Falla debido a la profundidad de su contenido y al manifiesto conocimiento de la música en Europa que pocos como él dominaban.

Pretendían los organizadores devolver su pureza primitiva a una parcela musical considerada como un tesoro ancestral y que estaba modernizado y adulterado hasta el punto de que había perdido la gloria de su nobleza. Lorca, por su parte, preludió el Concurso con una lectura de sus poemas y una conferencia en el Centro Artístico el 22 de febrero, ya de 1922, en la que pudo gritar: *¡Señores! El alma musical del pueblo está en peligro, ¡el tesoro artístico* *de una raza va camino del olvido! ¡Puede decirse que cada día que pasa cae una hoja del admirable árbol lírico andaluz! Los viejos se llevan al sepulcro tesoros inapreciables de las pasadas generaciones y la avalancha grosera y estúpida de los couplés enturbia el delicioso ambiente popular de toda España... Ha llegado la hora, pues, en que las voces de los músicos, poetas y artistas españoles se unan para exaltar las claras bellezas y sugestiones de ese cante...*

El cronista oficial de la ciudad, don Francisco de Paula Valladar, clamó y dio su grito de alarma escribiendo en la revista «Alhambra» unas frases desanimadoras: *Soy entusiasta de la fiesta de los cantos populares granadinos, pero dejémonos de cante jondo. Corremos, no lo olvide el Centro, el peligro gravísimo de una fiesta que pueda convertirse en una españolada.* Sí, fue una Españolada con mayúscula: Manuel Ángeles hace el cartel del más puro vanguardismo, Andrés Segovia da un concierto en el hotel Palace de la Alhambra en el que estrena mundialmente el *Homenaje a Debussy* de Falla, Zuloaga hace una exposición en el Palacio del Carmen de los Mártires, Antonio Gallego Burín lee el trabajo de Falla sobre el cante jondo y Federico García Lorca lee su libro *Poema del Cante Jondo.*

Aquellos días desfilaron por Granada los grandes personajes de la sociedad, de la intelectualidad y de las Artes de España y de Europa. El nombre de Falla fue el reclamo para tal convocatoria con la seguridad de que el Maestro no defraudaría.

El concurso se celebró los días 13 y 14 de junio de 1922 en la plaza de los Aljibes de la Alhambra. El jurado lo componía el presidente del Centro Artístico, don Antonio Ortega Molina, Antonio Gallego Burín, Amalio

Cuenca, guitarrista, Gregorio Abril, José López Ruiz y Andrés Segovia.

El triunfador fue Diego Bermúdez, *el Tenazas*. Nadie había escuchado una voz tan sorprendente durante los ensayos; procedía de Morón de la Frontera, pero llegó desde Puente Genil caminando y durmiendo bajo los olivos del camino. Nadie dudaba de su valía, por eso sus compañeros de concurso trataron de emborracharlo la noche clave de su actuación; no obstante, se alzó con el primer premio y siguió cantando, pese a sus avanzados setenta años y con un nombre más artístico: Dieguito el de Morón.

Fue, efectivamente un éxito apoteósico y marcó una nueva etapa del cante jondo porque allí se dieron cita personajes y voces que han pasado a la historia: la Salvadora, la Niña de los Peines, el gran triunfador Diego Bermúdez, *el Tenazas*, seguido de un joven, Manuel Ortega, que con el paso de los años adoptaría el nombre artístico mundialmente conocido de Manolo Caracol. Un acontecimiento histórico que tuvo incluso un reconocimiento internacional por la acendrada defensa española de un género musical a punto de caer en el olvido.

Pero no todo fueron parabienes los que se derivaron del Concurso porque hubo también algunas sombras y unas consecuencias harto desagradables pues Falla y el grupo de incondicionales que trabajaron desinteresadamente encauzaron los formalismos oficiales y el tema económico a través del Centro Artístico, al que irían destinados los beneficios económicos que reportaran aquel acontecimiento con objeto de que fueran luego utilizados para sufragar el fomento y las actividades relacionadas con el cante jondo. El tiempo pasó y los fondos se destinaron a fines ajenos a lo acordado. Esto sirvió para que los diversos grupos no solo se distanciaran, sino que surgiese una cierta enemistad. Falla, con su fina sensibilidad, sufrió lo indecible e incluso lo reflejó en su correspondencia: *Su carta me ha servido de consuelo en medio de tantas cosas más que desagradables como he tenido que sufrir de quienes menos hubiera podido suponer.*

Los motivos que haya tenido usted para hablar, como hace de la persona a quien se refiere usted en ella, son tortas y pan pintado comparados con los que yo tendría para hablar de modo análogo de otros amigos. Lo perdono, sin embargo, porque creo que es mi deber, y, también, porque quiero hacerme la ilusión de que esos amigos no han tenido la mala intención que parece desprenderse de su proceder...

Y en otro momento: *Bien siento que no haya venido usted esta primavera y espero que lo haga en otoño. Ya veo que tiene usted noticias de Granada por Xenius (Eugenio D'Ors). He lamentado no poder acompañar siempre en sus paseos por impedírmelo la presencia de determinadas personas del celebérrimo Centro Artístico y de cierto periodiquillo granadino con quienes no tengo gusto en tratar después de lo ocurrido con ocasión del concurso de cante jondo. Ya usted conoce a qué punto llegaron las cosas... ¡Estas cosas lamentabilísimas de mi país... y de los demás países!*

EL RETABLO DE MAESE PEDRO Y LA ORQUESTA BÉTICA DE CÁMARA

Tras el paréntesis dedicado al concurso Falla vuelve a su trabajo cotidiano: a escribir artículos, a componer, a viajar y a divertirse con las ocurrencias de Federico García Lorca

179

como colaborar en las funciones de teatro de muñecos que tenían lugar en casa de los padres del poeta, donde representaban algunas obras clásicas como *La adoración de Reyes*, auto sacramental, y *Los dos habladores* de Cervantes. El papel de Falla en estos fastos eran las ilustraciones musicales que componía, o mejor, que adaptaba de diversas piezas de otros compositores para una orquesta de cuatro instrumentos: violín, clarinete, laúd y piano que a veces transformaban en clavicémbalo. Los decorados y muñecos corrían a cargo de Hermenegildo Lanz y Manuel Ángeles Ortiz.

Escribe dos artículos para la *Revue Musicale*, sobre Felipe Pedrell y otro para destacar la estancia en Granada de la famosa clavecinista Wanda Landowska, quien había dado dos conciertos en el Hotel Alhambra Palace, organizados por la Sociedad Filarmónica, los días 23 y 25 de noviembre de 1922.

Falla concluyó finalmente *El Retablo* con gran satisfacción, pues se había convertido en uno de sus sueños al trabajar él personalmente en la confección del libreto y de la música. Hunde su cabeza en las páginas del Quijote, especialmente en los capítulos 25 y 26, y refunde el texto añadiendo algún que otro fragmento extraído de otros capítulos. En cuanto a la partitura crea una música totalmente española inspirada en los cancioneros y recopilaciones musicales de los siglos XV y XVI. Se aleja ya así de la influencia andalucista de sus obras anteriores. *El Retablo* es otra obra singular y única. Falla no quiere repetirse, aunque ello le garantice el éxito. A esto se debe también su corta producción, a crear siempre algo distinto; es un riesgo que quiere correr y ello llevará al público y a la crítica a valorar y a aplaudir el afán de innovación continua.

Pero el origen de esta obra se remonta a varios años atrás. *El Retablo* es el encargo que le hizo a Falla, en 1919, la princesa de Polignac, una dama inmensamente rica, para estrenar en su palacio de París una obra de muñecos. Falla pasó bastante tiempo pensando en el tema apropiado a elegir hasta que la inspiración le llegó precisamente leyendo los capítulos correspondientes a Maese Pedro en El Quijote de nuestro Miguel de Cervantes. Él mismo compuso el libreto arreglando la escena, quitando y añadiendo elementos y frases, pero siempre del texto cervantino. Para los decorados recomendó a la princesa los trabajos de sus amigos granadinos Hermenegildo Lanz y Manuel Ángeles Ortiz. La obra respiraba españolismo por los cuatro costados. No obstante, tardó cuatro años en tenerla dispuesta: su traslado de residencia a Granada, diversos compromisos, su continua revisión de la obra…

El retablo se estrenó en versión de concierto con solistas en Sevilla el 23 de marzo de 1923. Este estreno estuvo precedido de un largo recorrido debido a los sucesivos y variados avatares que surgieron. Falla había viajado a Sevilla con la familia García Lorca para pasar una Semana Santa. Allí pudo asistir a la representativa interpretación que todos los Jueves Santos se hacía del *Miserere* de Hilarión Eslava, dirigido por el maestro Eduardo Torres. Pero a Falla lo que más admiración le causó fue la ejecución del violoncelista granadino Segismundo Romero, del que ya tenía noticia. Pidió saludarle y Falla lo hizo con estas elogiosas palabras: *Tengo el gusto de estrechar la mano del violoncelista de Andalucía.* Este saludo se convirtió en el inicio de una amistad y colaboración extraordinaria. Por mediación de *Segis*, como le llamaba amistosamente el Maestro, y tras un pródigo cambio de correspondencia y visitas a Granada es como se llegó a ese 23 de enero en el que bajo la dirección del propio Manuel de Falla se estrenara la obra con gran disparidad de opiniones pues resultaba de una sonoridad muy novedosa. El tiempo acabaría dándole la razón a Falla y reconociéndose su maestría singular. Fue en esta circunstancia en la que Falla dirigió los últimos ensayos y la primera audición pública; estos obligados ejercicios como magistral director de orquesta fueron los que contribuyeron a que bien pronto adquiriese una reputada fama también en esta faceta musical.

El 25 de junio se produjo el estreno mundial con representación teatral, decorados y muñecos en el Palacio de la princesa de Polignac ejecutado por la orquesta de los conciertos Golschmann y la gran Wanda Landowska al clave. La obra causó tal expectación por su originalidad que inmediatamente se representó en los principales teatros europeos. El españolismo formal, serio y tradicional, triunfó nuevamente en el mundo de la mano de Manuel de Falla y Don Quijote: *¡Viva, viva la andante caballería sobre todas las cosas que hoy viven en la tierra!*

Los estrenos en Europa se sucedieron clamorosamente: El 13 de noviembre tuvo lugar en los conciertos de la Sociedad Musical Wiener y fue como el estreno público, dirigido por el propio Falla. Al año siguiente se dieron cinco representaciones en la ciudad de Bristol, en Inglaterra. En 1926 Falla dirigió en Barcelona un festival con obras suyas y, entre ellas, naturalmente *El Retablo*; en 1927 lo fue también en Barcelona en el Teatro del Liceo.

Sucesivamente en La Haya, en Zurich, en Berlín. E inmediatamente atravesó el Atlántico para estrenarse en Nueva York... La casa Chester de Londres publicó la partitura en 1924 en una muy cuidada edición.

Pero esos años y esos personajes granadinos-sevillanos tienen también una trascendencia musical: la creación de la Orquesta Bética de Cámara.

Acabó muy satisfecho del trabajo con la orquesta que estrenó su obra. En realidad, no se trataba de una orquesta formalmente constituida sino de un conjunto de músicos independientes que actuaban aquí o allá, según los contrataban, y que en más de un caso tenían otra profesión. Y no digamos de sus caracteres personales o formas de pensar donde la disparidad, incluso política eran, a veces, totalmente opuestas.

A Segismundo le parecía todo aquello un sueño irrealizable: *Mire usted, don Manuel, eso es muy difícil, en Sevilla no hay ambiente, ¿por qué no lo hace usted en Madrid o en Barcelona?* Pero la argumentación de don Manuel era de matiz interpretativo: las obras que podía comprender el repertorio, adecuadas al número de violines y demás instrumentos... Naturalmente la dirección correría a cargo de don Eduardo Torres. Y así hasta que llegaron al tema económico. *Segis* apuntaba: *¿Cree usted que vamos a retener a los músicos sin cobrar una peseta?* Y don Manuel respondía: *Mire usted, Segis, también he pensado en ello. Yo creo que si pedimos a las ocho diputaciones de Andalucía para que subvencionen la orquesta, lo harán.*

No, no hubo subvención alguna, pero sí un razonamiento personal de don Manuel que hizo cambiar de

183

opinión a Segismundo Romero: *¿Sabe usted que desde hace cuatro años apenas si se tocan mis obras en España, y que los ingresos de autor no me alcanzan para el desayuno?* *Segis* reflexionaba con posterioridad: *Cuando yo bajaba la cuesta de la Antequeruela, hasta donde él me acompañaba, iba agobiado por el paso que íbamos a dar, y convencido de que nos metíamos en una aventura, pero también, de que este hombre, genial y bueno, generoso, se lo merecía todo, y su música era tan grande como él mismo y su bondad.*

Las dificultades, indudablemente, no tardaron en llegar. La primera fue la referente a la propuesta de director don Eduardo Torres. El arzobispo de Sevilla no dio la autorización para que este sacerdote actuara en público. Don Manuel propuso entonces a un prometedor joven y gran compositor: Ernesto Halffter. Fue también el lanzamiento de esta gran figura de la música española.

Otra de las dificultades serias que surgieron fue la de los instrumentos: eran anticuados y no en las mejores condiciones para todas las obras que se querían interpretar. Se adquirieron unos nuevos a la casa Cohesnon de París por recomendación de Falla. Con gran alegría se recibieron los instrumentos y se comenzaron a utilizar, pero el pago fue dilatándose por falta de los suficientes ingresos. Era una situación embarazosa pues ya se habían recibido dos apremios. El desenlace fue bastante casual y lógicamente con la colaboración desinteresada de Falla: Se celebraba en Sevilla un congreso oleícola y el presidente sugirió que la Bética lo cerrara con un concierto que incluyera el *Amor Brujo*. Ofrecía siete mil pesetas (justo el dinero que debían a París), pero la condición imprescindible era que Falla dirigiera la orquesta. Le hicieron llegar a don Manuel la propuesta y a este le faltó tiempo para coger el tren y presentarse en el teatro San Fernando de Sevilla. El concierto fue un éxito apoteósico. Y en medio de la alegría general el Maestro llamó en un aparte a Segismundo para decirle que no tenía dinero para pagar el hotel. *Segis* reunió a los músicos en el escenario y les expuso la situación. Dejó su sombrero sobre el atril del director para que cada cual colaborara en la medida de sus posibilidades, algo que se resolvió en cuestión de minutos sin que Falla llegara a enterarse.

La Orquesta Bética de Cámara perduró durante años cumpliendo el objetivo propuesto: dar a conocer en España la música contemporánea, tanto la de compositores españoles como Joaquín Turina, Oscar Esplá y, por supuesto, la propia obra de Falla, pero también la que predominaba en Europa como Claude Debussy o Igor Stravinsky.

IV.
UNA NUEVA ÉPOCA

Vivir en una nueva época

Esos años, mediados de los veinte, marcan como un punto de inflexión en la vida de don Manuel de Falla. Él se encuentra, a sus cincuenta años, en unos momentos de plenitud. Su música ha sido acogida con entusiasmo en Europa y en América. Es reclamado en las más notables capitales para dirigir o asistir a los estrenos de sus principales obras. Agasajado, homenajeado, engrandecido por las críticas más lisonjeras, su personalidad, su carácter, no sufrirá transformación: seguirá siendo el hombre de gran corazón, sencillo y humilde, sensible a las necesidades de las personas que le rodean y, sobre todo, seguirá siendo un fiel hijo de Dios, a quien siempre agradecerá todo lo que es.

Sin embargo, la vida social y artística, los numerosos compromisos de diversa índole y, particularmente, su salud le irán restando capacidad creativa. Ya no habrá grandes y espectaculares obras, serán cortas, aunque con el sello de su genio: 1924, *Psyché*; 1926, *Concerto*, y 1927, *Soneto a Córdoba*. No es que abandonara la música, que estuvo presente hasta las últimas horas de su vida, es que la ilusión de sus proyectos rebasó de manera excesiva su cada vez más limitada capacidad creativa.

La justificación de *Psyché* la ofrece Falla en una carta a Georges Jean-Aubry, autor del poema en francés: *Felipe V y su mujer Isabel de Farnesio habitaron el Palacio de la Alhambra en 1739. Al componer* Psyché *he imaginado un pequeño concierto de Corte que tendría lugar en el Tocador de la Reina, una alta torre (sobre un panorama espléndido) el interior está decorado al sentido a la época, que es también el de mi música (música española de Corte —siglo XVII—) o, mejor todavía: yo he soñado allí esta música...*

Las Damas de la Reina tocan y cantan para ella un tema mitológico, muy a la moda en la época en cuestión como ya sabemos. Los instrumentos, usted ya los conoce: flauta, arpa, violín, viola y violoncelo (con sordina los tres últimos).

La partitura manuscrita tiene 13 páginas.

Y he aquí todo... por el momento.

Efectivamente es una música extraña, aunque quizá las palabras más correctas sean evocadora, misteriosa, melancólica. Visitando el apartado lugar, la torre conocida como Tocador, Peinador o Mirador de la Reina, se pierde la noción del espacio: abajo se puede contemplar el amplio valle del Darro y en la parte superior pinturas al fresco de mediados del siglo XVI. Fueron los aposentos de la Emperatriz Isabel, esposa de Carlos V. Y lo fueron también como destacaba el propio Falla en su carta los de

Isabel de Farnesio. Todo el contorno: arcadas, pasadizos, corredores... tienen la magia de subyugar al visitante y es lo que le sucedió al Maestro que recreó su espíritu e inspiró la obra que, aunque breve, está colmada de sensibilidad. La transcripción al castellano del texto de Jean-Aubry, tomada de Federico Sopeña, dice así:

> *¡Psyché! La lámpara se ha muerto: despierta al día*
> *Te mira con ojos anegados en amor*
> *Y el nuevo deseo de servirte todavía.*
> *El espejo, confidente de tu cara llorosa*
> *De esta mañana, lago puro entre flores, refleja*
> *Un cielo lechoso así como una eterna aurora.*
> *El mediodía se aproxima y baila, borracho con sus pies de oro*
> *Tiéndele los brazos, seca las lágrimas en un vuelo*
> *Abandona Psyché, la languidez de tu lecho.*
> *El pájaro canta en la copa del árbol, el sol*
> *Sonría de placer viendo el universal despertar,*
> *Y la primavera se despereza, crece con una rosa en la boca.*

El estreno de *Psyché* se llevó a cabo en Barcelona el 9 de febrero de 1925, cantado por Conchita Badía y miembros de la Orquesta Bética de Cámara dirigidos por Falla en el Palau de la Música de Barcelona. En París será en la Sala Pleyel Erard el 2 de diciembre de 1925. La casa Chester lo edita en una lujosísima edición al estilo bibliográfico del siglo XVIII.

Los estrenos de *El Retablo* conllevaron una serie de viajes por Europa que indudablemente fueron minando sus fuerzas: era requerido como autor, como director e incluso como intérprete: Francia, Bélgica, Italia, Londres, Amsterdam, Zúrich... sin olvidar sus desplazamientos por España, en especial Madrid, Barcelona, Sevilla y Cádiz.

El 21 de febrero de 1924, la Real Academia de Bellas Artes de Granada elige, por unanimidad, a Manuel de Falla y a Ángel Barrios académicos de número. El 7 de abril es la Real Academia Hispano-Americana de Ciencias y Artes de Cádiz la que le nombra académico de honor. En 1925 es nombrado miembro de la Hispanic Society of America. En 1926 Sevilla lo nombra *hijo adoptivo*, mientras que Cádiz lo hace *hijo predilecto*. En 1927 es Guadix quien lo nombra también *hijo adoptivo* en atención a que Pedro Antonio de Alarcón había nacido en esta ciudad granadina, y la acción de *El sombrero de tres picos*, aunque no la mencione expresamente, se desarrolla allí. En 1927 se suma a un homenaje a Domenico Scarlatti, del que interpretó 14 sonatas en el Ateneo de Granada. El 14 de marzo de 1928 Francia le nombra caballero de *l'Ordre National de la Légion d'honneur*. El 13 de mayo de 1929 es elegido por unanimidad miembro de la Real Academia de San Fernando, aunque no llegaría a leer el discurso de ingreso.

A ello habría que sumar también algunos artículos que escribió para diversas revistas francesas.

Compromisos sociales y profesionales que le van afectando, pero de los que por el momento se va recuperando con su descanso en el Carmen de la Antequeruela de Granada.

En 1923 y a instancias de Wanda Landowska, la gran clavecinista, pero también queriendo Falla corresponder a esta artista por su participación en *El Retablo*, inicia el trabajo de composición del *Concerto para clave y cinco instrumentos* (el título de la partitura es *Concerto para cla-vicémbalo (o piano forte) Flauto, Oboe, Clarinetto, Violino e Violoncello*), es decir, para seis solistas. Wanda programó el estreno para la temporada 1923-24. Pronto se dio cuenta de que la obra no estaría terminada dentro de fecha por lo que habló entonces con Leopold Stokowski para tocarlo en la temporada siguiente, 1924-25, de la Orquesta de Filadelfia. Pero a D. Manuel no se le podían fijar fechas y lógicamente tampoco lo concluyó para esa fecha. El estreno tuvo lugar finalmente en Barcelona el 5 de noviembre de 1926. Expertos manifiestan que pertenece a un neoclasicismo místico proveniente de la tradición religiosa española, severa y ascética, que lo diferenciaba notablemente del calificado frívolo neoclasicismo de Ígor Stravinski.

En el programa de mano se ponían de manifiesto estas ideas: *En esta obra, el compositor no ha tratado de ajustarse a la forma clásica de concerto... Su objeto ha sido rodear el instrumento principal de varios otros, cada uno de los cuales es tratado como solista. Tanto por su estilo como por su carácter, la música se deriva de antiguas melodías españolas, religiosas, cortesanas y populares.*

La obra dejó que desear en su estreno: Una obra difícil, novedosa, falta de ensayos suficientes e incluso con problemas en la dirección, que fue del propio Falla. A esto habría que añadir el detalle de las partituras, pues la obra no había sido publicada todavía y tuvieron que servirse de copias manuales. Hubo momentos en los que Wanda Landowska se sintió insegura en el clavicémbalo. La crítica reconoció la excelencia de la obra, pero a la vez lo desafortunado de su estreno.

La obra no precisó de retoques, pero sí de más estudio y ensayo para su ejecución en la Sala Pleyel de París, unos meses después. Wanda Landowska, para quien había sido escrita y dedicada la obra, no quiso interpretarla nuevamente con el pretexto de que tenía adquiridos otros compromisos; pero lo cierto es que no volvió a interpretarla nunca más.

El director de la Sala Pleyel programó para el 14 de mayo de 1927, un concierto dedicado a Falla, como compositor e intérprete al piano y al clavicémbalo: *Concerto*. Con piano (primera audición), *Psyché, Siete canciones españolas, Soneto a Córdoba* (Estreno), *Fantasía bética, Concerto*. Con clavicémbalo. El éxito fue rotundo y a partir de entonces el *Concerto* se convirtió en una obra frecuente en los conciertos.

La otra pequeña obra que Falla estrena en la Sala Pleyel es el *Soneto a Córdoba* (para Canto y arpa, aunque también se interpreta con piano). En 1927 se conmemoraba el tercer centenario de la muerte de Luis de Góngora, y fueron García Lorca y Gerardo Diego y la mayoría de los componentes de la denominada Generación del 27 los que enardecieron la poesía del autor cordobés tras el ímprobo trabajo de investigación de Damaso Alonso sobre Góngora. Federico García Lorca fue el que estimuló a Falla primero a conocer la poesía de Góngora y a continuación le señaló el *Soneto a Córdoba*, escrito en Granada, como apropiado para ponerle música. Lorca y Diego mantuvieron conversaciones y cruzaron cartas sobre este tema; pretendían editar un cuaderno con las aportaciones poéticas y musicales de los diversos maestros de la época (proyecto al que finalmente no se sumaron todos los que habían prometido su colaboración). Falla se sintió atraído por el extenso poema gongorino *A la ciudad de Granada, estando en ella*, pero Federico le resaltó el valor del *Soneto a Córdoba*, que le hizo exclamar a Falla: *Porque Córdoba es romana, romana, como la veía don Luis, y no árabe. No hay en su soneto una alusión que no sea romana, cristiana.* Helo aquí:

> *¡Oh excelso muro, oh torres coronadas*
> *De honor, de majestad, de gallardía!*
> *¡Oh gran río, gran rey de Andalucía,*
> *De arenas nobles, ya que no doradas!*
> *¡Oh fértil llano, oh sierras levantadas,*
> *Que privilegia el cielo y dora el día!*
> *¡Oh siempre glorïosa patria mía,*
> *Tanto por plumas cuanto por espadas!*
> *Si entre aquellas rüinas y despojos*
> *Que enriquece Genil y Dauro baña*
> *Tu memoria no fue alimento mío,*
> *Nunca merezcan mis ausentes ojos*
> *Ver tu muro, tus torres y tu río,*
> *Tu llano y sierra, ¡oh patria, oh flor de España!*

RELIGIOSIDAD, CULTURA Y SALUD

Falla era un hombre religioso: su educación y su vida transcurrieron por los caminos de Dios. Hombre de fe, y fe que supo ejercitar a lo largo de su vida allá donde quiera que estuviera, en España o en el extranjero. Nada más asentarse en cualquier ciudad pedía información sobre la iglesia más próxima a la que acudir a rezar o a la Santa Misa y a recibir la Comunión. Tenía una formación doctrinal sólida que había ido enriqueciendo desde joven. A partir de determinado momento tuvo la autorización para la lectura de libros que en aquellos años no podían leer todos los católicos, como era el *Catecismo para Párrocos*, la *Sagrada Biblia* o el *Misal*, en el que podía seguir la Misa del día en las temporadas que por enfermedad no podía asistir a la iglesia. En su biblioteca figuraban entre otros la *Imitación de Cristo* de Tomás de Kempis, La *Pasión del Señor* de Luis de la Palma, o las obras de san Juan de la Cruz. Era muy caritativo, preocupado por las personas que le rodeaban, bondadoso y comprensivo.

Todo ello le llevó a Ruiz Aznar a formular una peculiar afirmación a modo de incógnita: *Se ha hablado mucho de por qué Falla, espíritu tan elevadamente místico, no dio a Dios el honor y la gloria de su música.*

Efectivamente, a pesar de su profunda religiosidad en el catálogo musical del Maestro no hay ninguna música religiosa como tal. José María Pemán recoge una conversación con Manuel de Falla, en la que el músico le decía que no encontraba una forma adecuada de expresarla:

El ideal de mi vida es escribir una Misa. Pero todavía no he encontrado la fórmula de la música religiosa: de la música que sea digna de ser ofrecida a Dios. Hacer el pastiche de lo gregoriano y polifónico es negarle a Dios todo el enriquecimiento de la música moderna. Hacer música moderna para Dios es hacerle entrar en promiscuidad con la pedantería laica y humanística que están en la raíz de toda esa música. Querría encontrar, para hablarle a Dios, una escritura sonora que fuera a la música lo que la prosa de Santa Teresa es a la literatura...

Luego hacía un gesto malhumorado con su paraguas aldeano que siempre llevaba «por si acaso», aunque luciera el sol y decía:

—*Pero, claro… ¡habría que ser Santa Teresa!*

El elevado valor, y a la vez la distinción entre Arte y Fe lo manifiesta Falla en una carta a Antonio y María Muñoz de Quevedo, amigos cubanos inmersos también en el mundo musical, aunque a nivel educativo: *Eso de que se quiera sustituir la Religión por el Arte me ha parecido siempre una de las fantasías más tristes con que la humanidad pretende engañarse. Mi gran afecto hacia ustedes y el que, aún sin conocerlos, profeso a esos simpáticos muchachos que ustedes dirigen, me impulsa a hablarles así, con el vehemente deseo de que todos sepan participar de los beneficios (¡inmensos!) que a la religión debo en la Vida y en el Arte. Ahora, por ejemplo, ¿cómo sin ella podría conservar, no solo el buen ánimo, sino hasta el entusiasmo en el trabajo, a pesar de hallarme enfermo desde hace más de dos años, y las serias intervenciones quirúrgicas que he debido sufrir? Y a mi convicción religiosa (católica, claro está) debo, sobre todo, la visión infinita de la vida, que en nada humano podamos hallar. Pues no basta con sentir, pensar y expresar la Belleza en la vida y en la muerte, sino que necesitamos vivir eternamente en Belleza. Sin este ardiente anhelo y sin esa cristiana esperanza que lo sostiene, ¿cómo sobreponernos a tanta fealdad y a tanta miseria con que frecuentemente tropezamos? Hay que dejarse de fantasías: solo en Dios y por su Evangelio podemos vencer al egoísmo, al dolor y a la muerte, y quienes así no lo vean no saben lo que pierden… Ahora bien, después de la verdad de Dios, lo primero es el Arte, pero iluminado y sostenido por «esa eterna y escondida fuente, que*

195

bien sabemos do (sic) tiene su manida, aunque es de noche». Místicas palabras de san Juan de la Cruz cierran esta breve disertación. Sus palabras son bien claras, Dios y el Arte eran la meta de su vida.

Pérez de Ayala comentó en algún momento con cierto aire crítico: *Falla es algo frailecico. Cartujo por su recogimiento, benedictino por su asiduidad, franciscano por su mirada limpia, de éxtasis deleitable ante las obras de Dios; carmelita por la pureza de su música.* Poco acertado Ayala en su referencia a familias religiosas, vocación que Falla no tuvo, pero sí fiel reflejo en cuantas virtudes le atribuye.

Juan Viniegra, gran amigo de Falla, recoge entre sus recuerdos la visión sobrenatural con la que aceptaba las limitaciones causadas por su falta de salud: No se trataba pues *de una persona enfermiza, aunque su salud se resintiera algunas veces; pero sus enfermedades parecían mayores de lo que eran en realidad, pues era muy aprensivo y se trazaba unas reglas de higiene excesivas.*

Se ha hablado mucho —tal vez por eso— de que Manolo era muy escrupuloso, y efectivamente, así era. A los que le conocíamos íntimamente, nos parecía exagerado que se ocupara tanto de su salud; mas un día, dio la explicación:

—*El cuerpo es templo del Espíritu Santo, y hay que cuidarlo.*

Y él, que se sentía lleno de responsabilidades, tuvo durante toda su vida, como una cruz pesada, el preocuparse de su salud, que nunca fue demasiada buena.

Una vez, tuvo una seria afección a la vista, que debió significar para él una buena prueba. Me daba cuenta de ella, en una carta del 27 de diciembre de 1929, fechada en Granada:

196

"Además, desde poco después de regresar de París, sufrí una enfermedad en la vista, que me impidió la lectura por espacio de unos tres meses, aunque gracias a Dios (no sé cómo dárselas dignamente), la enfermedad pasó por completo".

Y más tarde, en el 31, me hablaba de un nuevo ataque de iritis, que le había impedido trabajar durante el verano; pero, en ninguna de sus dos epístolas, hay una frase de queja, de preocupación. Se comprendía que estaba por completo en manos de Dios y todo lo recibía, como venido de lo Alto, con resignación completa.

Es el hombre abandonado no a un destino incógnito, a una incertidumbre nebulosa, sino al Dios que le ama con un amor recíproco y de ahí el sentido de la purificación cristiana bien comprendida.

Pero cabe también hablar de su amplia cultura. Falla viajó mucho, pero además leyó mucho. Su biblioteca estaba bien nutrida de obras clásicas y modernas. Se calculan más de cuatro mil ejemplares entre libros, revistas, partituras y otros. Es notorio advertir que muchos tienen anotaciones del propio Falla y que otros muchos están dedicados por los autores. Naturalmente entre esta voluminosa biblioteca figuran los grandes clásicos españoles como Cervantes, Calderón de la Barca, Lope de Vega, Góngora, Fray Luis de León, santa Teresa de Jesús y san Juan de la Cruz. Y entre los contemporáneos destaca de manera especial "Azorín", *un escritor a quien aprecia y de quien no vacila en señalar tanto descripciones de paisajes (especialmente bellas y emotivas) como pensamientos morales —siempre de serenidad y resignación— y reflexiones estéticas,* en palabras de Pedro Ignacio López García. A estos hay que añadir las obras de Gregorio Martínez

197

Sierra, su antiguo colaborador, Pemán, Galdós, Pedro Antonio de Alarcón, Palacio Valdés, Baroja, Valle-Inclán, Juan Ramón Jiménez, Manuel Machado, Gerardo Diego, Salinas… Sencillamente están representados todos los autores de su época. Esta cultura era la que le permitía ser un destacado participante en las tertulias que mantenía con sus amigos en su casa o en alguno de los rincones escogidos para pasar unas horas de descanso en especial los días festivos.

En 1929 tuvo una confrontación con el mismísimo García Lorca: La Revista de Occidente había publicado en diciembre del año anterior la primera parte de la *Oda al Santísimo Sacramento del Altar* y Federico había tenido la deferencia de dedicársela a Falla. El Maestro al leerla a primeros de año le escribió una carta fechada el 9 de febrero para manifestarle su completo desacuerdo por su forma de tratar al Santísimo Sacramento, tan esencial para los católicos. Era la norma de su recta conducta que le llevaba a respetar a las personas, pero sí a denunciar las ideas erróneas. No rompieron por ello sus relaciones pues unos meses después Falla ocupará un lugar de honor en el homenaje que se rindió a García Lorca y a Margarita Xirgu en el Hotel Alhambra Palace con motivo del estreno en Granada de la obra de Teatro *Mariana Pineda*.

Otro tema comentado sucintamente en anteriores páginas es el de la salud de Falla; Fernando Argenta escribe sobre este particular y recoge el diagnóstico del doctor Emilio Valdivieso: *Mi opinión es que don Manuel, como era habitualmente conocido, había empeorado de su neurosis obsesiva adentrándose en el mundo negro de la psicosis, al mismo tiempo que la capacidad creadora había dejado sitio a un sinfín de rituales y ceremoniales expiatorios. Sus obsesiones se habían llegado a convertir en práctica invalidantes y atormentadoras para él y para todas las personas que lo acompañaban.*

Se acentuaron, pues, manías, supersticiones y obsesiones que le fueron conduciendo a aislamientos circunstanciales. Temas como la luna, el polvo, el horario, la higiene, el ruido... se convirtieron a veces en situaciones problemáticas y, desde luego, limitaron o al menos recortaron su actividad. Cierto que luego sobrevendrían enfermedades o accidentes muy concretos, ajenos a estas vicisitudes psicológicas, que le obligaron a un reposo o inactividad casi total, pero de las que se recuperaba con más o menos lentitud.

AÑOS DE INQUIETUD

Los años finales de la década de los veinte no ofrecen una actividad sobresaliente en la vida de Falla, cierto que no cesa de trabajar, estudiar y algún que otro viaje, aunque su quehacer se centra en Granada: música incidental para algunas representaciones de autos sacramentales, versiones expresivas y revisiones orquestales de piezas clásicas o religiosas. Y compromisos sociales como la visita que hace a Granada el compositor francés Murice Ravel en 1928 y también por esos años Rubinstein, Stravinsky, Cassella y otros.

Juan Gisbert, un industrial de Barcelona de gran cultura y tal vez el más íntimo de los amigos de Falla comenta: *En 1926 acompañé a Falla al Congreso Internacional de Zurich. Falla me dijo que quería hacer algo en homenaje a*

199

Cataluña, especialmente en gratitud a las muchas demostraciones de cariño recibidas de la ciudad. Pedrell le había sugerido que hiciera una ópera sobre la vida de Raimundo Lulio, pero eso no iba con la forma de ser de Falla, porque la vida de Lulio tuvo períodos confusos. Entonces sugerí que hiciera L'Atlántida, el magno poema de Jacinto Verdaguer. Esto fue como un rayo luminoso que prendió la mente de don Manuel y bajo su cegadora luminosidad vivió el resto de su vida. En 1930 viaja a Cádiz para dirigir un concierto precisamente en el teatro que lleva su nombre. Fomenta su amistad con José María Pemán y con varios amigos más realizan una excursión a la isla de Sancti Petri, lugar donde se supone que estaban las ruinas del templo de Hércules. Todo ello con el ánimo de avivar la inspiración de su composición en curso.

En 1931 hace su última visita a Londres para dirigir *El retablo* en una retransmisión de la BBC.

Poco después se cierne sobre España la tormenta de la II República. Falla no era esencialmente un hombre político, se consideraba liberal, amante de la paz y del orden. Tenía amigos políticos de diversas orientaciones y por ello no le preocupó en exceso, e incluso participó en algún que otro acto público de tendencia republicana. Pero los desórdenes comenzaron de inmediato con la violencia, la quema y saqueo de iglesias y conventos y demás muestras de descristianización: retirada de los crucifijos de las escuelas, la secularización de los cementerios... En Granada los incendios de iglesias y el Teatro Isabel la Católica, al pie de su casa, le llevan a una repulsa total del Gobierno, en el que se encontraban amigos como Fernando de los Ríos y Madariaga. Su interés por ayudar a personas,

200

amigos o simplemente conocidos, le llevan a situaciones de tensión máxima para su carácter y limitaciones. Así escribe por ejemplo a Segismundo Romero: *Hace poco, con ocasión de la venida a Granada del ministro, esperé poderme ocupar personalmente del asunto, pero ni don Fernando me avisó ni yo pude hallarle en el Palace, en donde solo hizo alguna comida. En vista de ello le he escrito, y esperando su respuesta estoy...* Respuesta que no llegó. Más adelante Falla insistió: *He llegado (y reserve usted esto) hasta telegrafiar al ministro, que ni me acusó recibo, en vista de lo cual le escribí carta certificada y con doble sobre, a la que tampoco se ha dignado contestar. Una usted eso a mi correspondencia con la Junta, mi dimisión...* En 1931 se había creado la Juan Nacional de Música y se le había designado como vocal, a lo que ahora renuncia.

Muestra también de ese espíritu y religiosidad cristiana que predominaba en su vida son dos hechos que sucedieron en 1932: Uno se refiere al triunfo de su *Retablo* en Venecia el 10 de septiembre. Este éxito se vio empañado, personalmente, por su indignación al ver su obra programada junto a la de Ottorino Respighi *María Egipciaca* que pecaba a sus ojos de atrevida, en exceso, moralmente.

El otro hecho fue la renuncia formal que hizo a un homenaje que quisieron rendirle en Sevilla: *si Dios era ultrajado, no iba a ser él honrado.*

Son años efectivamente complejos en los que su salud se resiente psíquica y físicamente. *No puede usted suponer lo que ha sido mi vida, que un maldito gramófono me inutilizó en Granada por espacio de dos meses, haciéndome perder el tiempo y la salud hasta el extremo de tener que buscar refugio en sitios más propicios para el trabajo.* Entre esos sitios se encuentran los dos viajes que hicieron, María del Carmen y él, a Palma de Mallorca. Su primera estancia en la isla fue en 1933, desde finales de febrero hasta finales de junio. Como deferencia escribe la *Balada de Mallorca*, una pieza coral con texto de Jacinto Verdaguer y la música inspirada o más bien basada en la Balada en Fa mayor de Chopin.

Durante este viaje, cuyo anfitrión era Juan María Thomas, sucedió que este personaje dirigía un coro denominado Capella Clásica, bastante elogiado en numerosos ambientes musicales. Un día Falla acudió al ensayo de su versión expresiva del *Ave María* de Victoria, Thomas hacía indicaciones para que las voces se ajustaran exactamente a la partitura hasta que en un momento el Maestro se dirigió al pupitre desde el que dirigía Thomas, quien se apartó al verlo acercarse. Falla dirigió con la mano, los ojos y el semblante; al terminar se produjo un silencio emotivo y por algunos rostros resbaló alguna que otra lágrima. Reconocieron que nunca les habían dirigido con aquella precisión y que nunca habían cantado como en esa circunstancia.

En diciembre de ese mismo año se trasladarán nuevamente a Mallorca, permaneciendo allí hasta mediados de junio.

La guerra civil española estalla en 1936, A mediados de agosto es asesinado Federico García Lorca. Falla sufre un golpe terrible pues la celeridad con la que se desarrollaron los hechos no le dio tiempo a realizar ninguna gestión eficaz a favor de su liberación, aunque su estado de salud era ya delicado y el aislamiento en el que vivía no le había permitido enterarse de la presencia en Granada de Federico. Sí visitó, fue la última vez, la casa de Federico para confirmar los hechos y estrechar en un emocionado abrazo a su padre.

1936 y 1937 son cruciales para la salud de Falla quien venía arrastrando una tuberculosis pulmonar. Su enfermedad se agrava con metástasis óseas y articulares que obligan a someterlo a diversas operaciones quirúrgicas en clavícula y tobillo, a lo que había que añadir una acentuada anemia.

Son asesinados o detenidos algunos de sus amigos y se alarma de las numerosas y terribles ejecuciones que se producen en el denominado bando nacional, pero queda igualmente horrorizado al enterarse de las que se producen en la zona republicana. En Talavera de la Reina los milicianos saquearon la casa de su hermano German, suerte que la familia se encontraba ausente por lo que no hubo que lamentar desgracias personales. Son las deplorables e irracionales consecuencias de las guerras.

Existe un cruce de cartas entre Falla y Pemán que muestran la calidad humana y cristiana del compositor, en esos momentos álgidos de la guerra. Como detalle curioso, desde hacía algún tiempo, encabezaba todas sus cartas, a modo de saludo deseado, con la expresión PAX:

Granada, 18 de septiembre de 1936

Sr. D. José M.ª Pemán

PAX

Mi siempre querido amigo:
Le escribo obedeciendo a un fuerte impulso de conciencia y a pesar de que los médicos me tienen prohibida toda correspondencia epistolar desde la grave enfermedad que me puso

a punto de morir y cuyas consecuencias aún persisten. Por la misma razón me veo obligado a emplear la escritura mecánica, pues mi pulso anda todavía bastante inseguro aunque, gracias a Dios, todo grave peligro haya desaparecido. Esta enfermedad me fue causada por la impresión tremenda que sufrí ante los satánicos desmanes perpetrados en Granada y, sobre todo, en nuestro Cádiz, después de las últimas elecciones.

Ahora nuevas amarguras perturban mi espíritu: quiero referirme a la aplicación frecuente de la pena capital a personas cuyos delitos acusan, al menos en apariencia, notable desproporción.

Usted sin duda, comparte estos sentimientos, pues todos sabemos de sus altas convicciones religiosas y la nobleza de su corazón, y por eso me dedico a escribirle confiando en que usted, con todo su prestigio, pueda influir eficazmente para que se limiten los hechos en cuestión.

Ya sé que en estos momentos, siendo tantos y tan horrendos los crímenes que determinaron el actual movimiento salvador de España, la serenidad de juicio se hace a veces dificilísima; pero por eso mismo creo de obligación estricta para los cristianos que insinuemos nuestros temores y nuestras amargura a quienes, por cúmulo de graves responsabilidades y preocupaciones, se ven a veces fatalmente obligados a recurrir a procedimientos expeditivos que en tiempos normales no pondrían seguramente en práctica. Y esto sin contar con que la voluntad de los mandos superiores pudiera no ser siempre exactamente interpretada.

Claro está que, con cuanto le digo, no pretendo juzgar nada ni a nadie (¡Dios me libre de tal cosa!), y me parece inútil asegurar a usted que mis palabras no tienen otro alcance que la simple expresión de un vivo anhelo cristiano basado en el precepto, que a todos nos alcanza, de amar al prójimo como a nosotros mismos. En fin: poniendo mi esperanza en

204

sus buenísimas manos, le envío un abrazo con todo mi afecto
y admiración.

Manuel de Falla

Ahora mismo me entero de que Su Santidad ha hecho indi-
caciones que me producen un intenso consuelo por su coinciden-
cia con el espíritu de cuanto acabo de escribirle, obligándonos con
ello aún más a los católicos para pedir clemencia.

Pemán, por supuesto, acoge la carta con comprensión y le
contesta poco después:

Mi querido y admirado amigo: su carta me llega, como ani-
llo al dedo, cuando yo precisamente estoy lleno de las mismas
inquietudes que usted y he iniciado ya algunos pasos en ese
sentido, que Dios ha querido que tengan éxito en algunos ca-
sos particulares. Ahora he de extender esas gestiones al asunto
en general y decir a algunas autoridades que hacen el honor
de escucharme, porque saben el desinterés con que les hablo,
que si al principio fue necesario el absoluto rigor, ya puede ser
ocasión de que vaya dejando paso a una cierta clemencia, que,
acaso atraiga a muchos que solo, por engaño, delinquieron o
se extraviaron.

Falla no es insensible a estas sinceras palabras de Pemán y
vuelve a escribirle con ánimo agradecido:

Mi querido y admirado amigo:

Su carta gratísima, que acabo de recibir, me llena de con-
suelo y de esperanza, confirmando plenamente mi certidum-
bre al escribirle de que usted compartía los sentimientos que
me impulsaron a hacerlo. Hora es ya, como tan justamente
usted me dice, de que se abra paso a la clemencia, unida al
más cristiano discernimiento al aplicar la pena. Como acaba

de decir nuestro Arzobispo en el acto de entrega de la restau-
rada Cruz de la Rauda, hemos de practicar «el amor fraternal
impuesto por nuestro divino Redentor». Y, ¿qué medio más
seguro podemos hallar para obtener la bendición que haga
«realmente eficaz el sacrificio» de «tanto héroe como se ha
levantado por Dios y por España» y a los que usted tan bella-
mente arenga?

HIMNO MARCIAL Y EL INSTITUTO DE ESPAÑA

Pemán quiso atraer a Falla a un plano más elevado y fi-
gurativo en ese ambiente de guerra, por supuesto no con
un gesto político que tenía la certeza de una negativa ro-
tunda, sino en el ambiente musical. Le propuso poner
música a un *Himno Marcial para la Academia de Alfére-*
ces provisionales que funcionaba en Granada en ese año
de 1937. La letra era, naturalmente, de Pemán. Falla, no
muy entusiasmado, aceptó y pensó adaptar el *Canto de*
los Almogávares procedente de la *Trilogía de los Pirineos*
de Pedrell. La sensibilidad del Compositor puso a prueba
la paciencia del Escritor, quien tuvo que modificar más
de una frase de la letra por considerarla inapropiada o demasiado agresiva dentro de un texto en el que también se
mencionaba a Dios. Cierto que el *Himno* fue terminado,
pero perduró poco tiempo, quedó como perdido y, desde
luego, no ganó popularidad alguna.

Más problemática fue la designación como presidente
del Instituto de España, creado por Franco el 1 de enero de 1938, a iniciativa de Sáinz Rodríguez y Eugenio
D'Ors. Se trataba de unificar en un mismo organismo las
seis Reales Academias. El objetivo de este organismo era

meramente cultural, por eso en la primera sesión es elegido por unanimidad Falla como presidente. Pero apenas tuvo conocimiento el Maestro de esta designación envió a Pemán un telegrama en el que le comunicaba que con emoción y profunda gratitud se entera por la prensa de la inmerecida designación para la presidencia del Instituto, rogándole que transmita expresados sentimientos con todo respeto y adhesión a su Excelencia el Generalísimo, así como a la comisión organizadora por la propuesta, pero a la vez suplica muy encarecidamente que dada su absoluta imposibilidad por falta de salud aceptar la alta y grave responsabilidad del cargo sin poder materialmente ejercerlo y pide que se le otorgue la nueva merced de sustituirle por quien pueda eficazmente desempeñar tan honrosa como delicadísima misión que de todos modos juzga excesiva para él y alega la falta de reposo que necesita para poder terminar el trabajo de *Atlántida*, con la que él pudiera prestar un servicio a la patria.

El tema del Instituto le dio más de un quebradero de cabeza pues Pemán le insistía en su aceptación, aunque fuera de manera nominal y que mientras no estuviera totalmente recuperado se nombraría a otra persona para que le relevara de sus funciones. Pero Falla no aceptaba el cargo sin poder desempeñarlo. Este tira y afloja duró varios meses y no cejó en su empeño hasta que oficialmente fue nombrada otra persona, en esta circunstancia el Duque de Alba.

Fue un año realmente preocupante por sus frecuentes recaídas de salud y el lento avance de su trabajo en *Atlántida*. No obstante, no cesa en su petición de ayuda o protección para amigos o conocidos a quienes los avatares de la guerra han dejado en situaciones precarias y a veces muy lamentables: Joaquín Rodrigo, Ernesto Halffter...

Esta abundante correspondencia dirigida a las altas instancias del Gobierno es lo que mueve a Pedro Sáinz Rodríguez a pedirle a Falla un testimonio escrito de adhesión a Franco. El Maestro lo hace pero a su manera, es decir, denunciando, a la vez que pidiendo que no se repitieran todos los males producidos en los años recientemente pasados y en particular los ataques a Dios y a la Iglesia:

La Historia nos revela y la propia experiencia lo confirma, que nada puede ser eficazmente fecundo si el espíritu de Dios no lo anima, y que, en su ausencia, el mal adquiere el valor de única y consciente fuerza motriz. De ahí que el propósito de destruir en el ser humano el conocimiento de aquella verdad suprema, sea, entre todos los crímenes sociales, el más grave que podamos cometer. Por eso, con independencia de toda política y a pesar del intenso dolor que sufro siempre ante la guerra, el Alzamiento Nacional de España supone para mí la alta esperanza de que no vuelvan a atormentarnos las blasfemias gritadas por nuestras calles, los martirios, los sacrilegios perpetrados en nuestros templos y en nuestros cementerios, la destrucción de esos mismos templos, el despojo de nuestras bibliotecas y de nuestro tesoro secular de Arte, y todo ello bajo el signo del satánico empeño, en primer lugar consignado, de arrancar de la humana conciencia la eterna esencia de su divino origen. Así lo siento y así lo digo con toda la cristiana convicción que me impulsa para poner a Dios sobre todas las cosas y para esperar, con el más vivo anhelo, que llegue el día en que puedan España y las Naciones todas, merecer los inmensos dones de la Paz verdadera, de la Clemencia y de la Equidad y Justicia de Dios. Manuel de Falla.

Este escrito, lógicamente, apareció en toda la prensa. Tuvo contestación oficial del organismo correspondiente del Gobierno y el mismo Generalísimo Franco quiso también estampar su firma. Fue una singular forma de proclamar Falla su fe y la religiosidad inmersa en su pensamiento.

CON LA MIRADA EN AMÉRICA

La guerra terminaba, pero la música de Falla no florecía al ritmo que él hubiese deseado. El círculo social de amigos se había reducido bastante, las circunstancias políticas habían alejado a muchos. Ahora se reunían generalmente en el jardín de la Antequeruela los domingos cuando las dolencias del Maestro lo permitían: Por la mañana bajaba a Misa a la Parroquia de San Cecilio, que estaba (y sigue estando) al pie de su casa, y por las tardes departía con el pequeño grupo: Miguel Cerón, don Valentín Ruiz Aznar, Luis Jiménez, Segismundo Romero... Vivía también con bastantes limitaciones de tipo económico: los derechos de autor procedentes de España no existían y los del resto del mundo apenas le llegaban pues estaban bloqueados. La sobriedad había sido su estilo de vida a lo largo de los años y ahora la mantenía con más exigencia. Trabaja sin gran rendimiento en *Atlántida*, en interpretaciones expresivas de polifonistas españoles y en *Homenajes*, una recopilación de las diversas piezas, breves todas, que había compuesto en años anteriores para diversos instrumentos.

En 1939 la Institución Cultural Española de Buenos Aires celebra ese año sus bodas de plata e invitan a Falla a dirigir varios conciertos. La condición expresa que le imponen es que tiene que estrenar una obra suya. Acepta y se dedica de manera expresa a la orquestación de *Homenajes*. Esta composición reúne las diversas pequeñas obras que, para piano, guitarra u orquesta, había dedicado en años anteriores a diversos personajes: E. Fernández Arbós, Debussy, Paul Dukas y Pedrell. Ahora las transcribe para orquesta formando una unidad. Se puede considerar su última obra completada.

Falla se siente cada vez más agobiado en Granada, los tres años de guerra y el clima inmediato, unido a la tensión de los totalitarismos europeos, y su delicada salud le producen un cansancio continuo. Puesto que tiene que desplazarse a Buenos Aires para los conciertos consulta y estudia la posibilidad de residir en Argentina, bien una larga temporada, bien de forma definitiva. Ello le llevó, por tanto, a sacar billete de ida sin querer condicionar la vuelta. Todo fue preparado de manera discreta, conocido únicamente en el ámbito familiar y de amigos. No obstante, informó de este viaje a las autoridades del Gobierno. El entonces ministro Ibáñez Martín le contesta: *Celebro vivamente esté usted dispuesto a aceptar la invitación de la Cultural Española de Buenos Aires. Es posible que tenga yo el gusto de coincidir con usted en su estancia en aquella República y entonces tendré el placer de cooperar en sus trabajos en aquellas tierras.*

Cierto también que entre esta serie de circunstancias el Gobierno llegó a ofrecerle una pensión vitalicia, pero a condición de que su residencia estuviera fijada en España. Sobre este aspecto Falla escribe a Ibáñez Martín: *Ahora bien, dada la situación económica actual de nuestra patria como consecuencia de la guerra que acaba de liberarla, y dado también la evidente mejoría con que, gracias a Dios, mi curación se va afirmando y que me permite reanudar con toda eficacia mis trabajos, créome en el deber de rogarle se aplace el cumplimiento de tan generoso auxilio acordado para mi regreso a España, no solo hasta entonces, sino hasta el momento, que espero en Dios se aleje, en que por falta de salud pudiera volver a interrumpir el ejercicio eficaz de mi profesión y a faltarme, como fatal consecuencia, los medios de vida que ella me proporciona.* Sin embargo, ganó Argentina.

La salida de su casa, Antequeruela Alta, fue prevista para el día 28 de septiembre. Existe un testimonio muy emotivo de las últimas horas de Falla en Granada escrito por Hermenegildo Lanz (dirigido a sus hijos), ya recogido por diversos autores, y que considero muy oportuno transcribirlo también aquí:

En la casa de D. Manuel de Falla el día 28 de septiembre de 1939 nos reunimos a las 3 de la tarde, varios amigos de Don Manuel para despedirle con motivo de su viaje a Buenos Aires.

Estuvimos D. Ramón Pérez de Roda y su esposa doña Eugenia, María Prieto de Oloriz, y una señora prima suya, Doña Eloísa Morell de Gallego Burín, Alcalde de Granada, la Srta. Emilia Llanos, una señora que desconozco. Don Pedro Borrajo y su hija, Don Luis Jiménez y el que esto escribe Hermenegildo Lanz y su esposa doña Sofía Durán de Lanz.

También estaban Germán de Falla su esposa y su hija Maribel. En el patio una ancianita a la que atiende en su sustento, María del Carmen Falla, una servidora y otra mujer de la vecindad.

En el reducido comedor de la casa, entre maletas y baúles, hacíamos tertulia en torno a María del Carmen que no creía en el viaje y pensaban que no lo harían. La conversación general carecía de interés, el ingenio se debatía entre vulgaridades impropias de la inteligencia de la mayoría de los asistentes. Hay momentos en que los cerebros se acorchan y las palabras no expresan más que tonterías inexplicables.

Sobre las tres y media, baja de las habitaciones D. Manuel seguido de su hermano Germán y de su cuñada. María del Carmen se despide de sus amigas besándolas y de los amigos estrechando sus manos, a mí me concede el honor de un abrazo... ¡Dios se lo pague!

La emoción contenida a duras penas tiene un momento de expansión en ambos pero se reprime al instante. Es una santa María del Carmen, para ella soy un hermano más, para mí es casi una madre. No cambiamos ni una palabra ni adiós siquiera. Sigue despidiéndose y entra con los ojos ligeramente húmedos, en el auto, pero con expresión sonriente, como de quien no va lejos y piensa regresar pronto.

Don Manuel sigue a su hermana, a todos va dando la mano, a todos les dice adiós... ¡Adiós hasta pronto! Va diciendo, con su cara de anacoreta y su expresión bondadosa, sonriente pero pálido, muy pálido, animado sin embargo y queriendo animar a los demás. No tardó mucho tiempo en despedirse de cuantos estaban en el comedor. En el patio aguardábamos varias personas, después del breve instante de la despedida de María del Carmen, Don Manuel se acercó a mí, le abracé con la mayor ternura y le dije al oído débilmente... ¡gracias... muchas gracias! No me abrazó, y me lo dice porque no puede mover los brazos con soltura, por la operación quirúrgica sufrida, pero inclinó su cara sobre mi cara y sentí la emoción, no reprimida como la de su hermana sino expresada con palabras tan terribles, profundas y distintas a las anteriores que recojo porque me hirieron en lo más hondo de mi alma.

¡Adiós, hasta la Eternidad, en el fondo del mar, tal vez, Lo que sea la voluntad de la Providencia...!

212

La narración continua con unos párrafos más en este mismo tono. Muchos de los presentes fueron conscientes de que no se volverían a ver hasta la Eternidad.

Tras esta emotiva despedida partieron para Barcelona y el 2 de octubre embarcaban en el *Neptunia* rumbo a la Argentina.

Fueron muy bien recibidos y atendidos en Buenos Aires y la cordialidad mutua los llevó a ganar amigos muy pronto. Falla no se permitió ni un descanso e inmediatamente se puso a trabajar en ultimar y repasar la obra que había de estrenar, así como estudiar las obras que tenía que dirigir.

Los conciertos en el teatro Colón se desarrollaron los días 4, 11, 18 y 23 de noviembre constituyeron un éxito clamoroso. Los programas, además del estreno de *Homenajes* y otras obras suyas, incluían obras de Joaquín Turina, Ernesto Halffter, Joaquín Rodrigo, Oscar Esplá y Jaime Pahissa. Fueron un homenaje a la música española.

Es la propia María del Carmen quien transmite sus impresiones en una carta a su hermano Germán: *Los conciertos han resultado magníficos, bien tocados, bien cantado y con una ovación verdaderamente admirable. Después de mucho tiempo de terminado —como una hora— salimos por una puerta "no principal" y todavía esperaba un grupo de gente para ver salir a Manuel y una señora se adelantó y le besó la mano. Los nuevos amigos de aquí amables y serviciales que no cabe más, sobre todo la familia de Juan José Castro el mejor músico de aquí y que dirige muy bien y ha ayudado mucho a Manolo en los ensayos.* Había incluso recuperado bastante la salud. Esta nueva amistad, Juan José Castro, será un puntal de apoyo para Falla en sus años argentinos.

A su llegada fueron alojados en un hotel de lujo en el que los dos hermanos se sentían fuera de lugar, ellos preferían algo más sencillo y, sobre todo, más tranquilo. Uno de los nuevos amigos les ofreció una casa de campo, aislada de todo ruido, con varias personas a su servicio. Allí pudo estudiar con detenimiento las partituras de las obras que se escucharían en los conciertos.

Los Falla fijaron su residencia primeramente en Villa Carlos Paz y poco después en Villa del Lago en la provincia argentina de Córdoba. Parece que el clima y la altura eran más adecuadas para la salud de Falla. En 1940 se produjeron unas inundaciones bastante catastróficas en la capital federal y el Maestro se ofrece para dirigir un concierto con la Orquesta Sinfónica de Córdoba a beneficio de los damnificados; detalle que denota su actitud de desprendimiento es que renuncia a sus honorarios como director y también a los que le correspondían por derechos de autor.

En diciembre de ese año dirige otros dos conciertos en radio *El Mundo*. A lo largo de esos años dirigió algunos conciertos más para conseguir recursos económicos, pues de Europa, con la Guerra Mundial de por medio, le tenían bloqueadas las cuentas bancarias. Nunca faltaron en Argentina personas generosas que, sin que Falla tuviera conocimiento, le ayudaron económicamente.

En esas circunstancias es decisiva la intervención de Jaime Pahissa y de José Ignacio Ramos, delegado de la Sociedad General de Autores de España (SGAE) en Argentina. Este último puso los medios para que en España se conociera la situación casi lastimosa de Falla. Inmediatamente Eduardo Marquina, entonces presidente de la SGAE, dio instrucciones a Ramos *para que pasara a Falla mensualmente, sin tasa ni compromiso alguno, la cantidad que precisara para poder vivir con holgura* con cargo a la delegación Argentina. Cierto que en España se llevaban las cuentas minuciosamente y el Compositor tenía un saldo a su favor elevado que por complicaciones de la guerra europea no se podía hacer efectivo.

A comienzos de 1942 se trasladan a vivir a la localidad de Alta Gracia, a un chalet denominado "Los Espinillos", que se convertirá en su morada definitiva hasta su muerte. Mientras tanto trabaja en *Atlántida* y en otros proyectos de menor exigencia: arreglos e interpretaciones expresivas de clásicos. No cesan las visitas de personajes conocidos, amigos de España unos, otros exiliados que han sido acogidos en aquella nación, y desde luego los nuevos amigos de Argentina. Todos quieren mostrarle su cariño y su simpatía.

Un buen día le llegan noticias de Granada en las que le comunican que han entrado unos ladrones en la casa y le han sustraído unos cubiertos de plata. Falla inmediatamente reacciona y comunica que dejen en libertad a los *raterillos.* Tras pensarlo con detenimiento los dos hermanos deciden abandonar el *carmen* donde han vivido cerca de veinte años. Otra vez sus amigos de Granada, con fidelidad ejemplar, se ponen en marcha para desmontar la casa. Hermenegildo Lanz realiza un trabajo laboriosísimo, con sentido histórico: ejecuta dibujos de todas las habitaciones con la disposición de muebles y objetos. Luego todo es llevado al convento de Santa Inés hasta 1962 en que el Ayuntamiento de Granada expropia la casa para convertirla en Museo y todos los enseres vuelven de nuevo a su lugar, como se pueden contemplar en la actualidad.

Así hasta la madrugada del 14 de noviembre en que María del Carmen encontró a su hermano muerto en el lecho a causa de una parada cardiaca mientras dormía, según el diagnóstico médico. Faltaban nueve días para cumplir setenta años. Inmediatamente la noticia saltó a todo el mundo.

El cadáver fue llevado al Hospital Nacional de Clínica de Córdoba, en cuyo Instituto de Anatomía lo prepararon para el largo viaje a España. María del Carmen, de acuerdo con su hermano Germán, que estaba en Cádiz, puso empeño en cumplir el deseo de Falla de descansar en sitio sagrado. Por eso prohibió llevarlo al Teatro Rivera Indarte y en cambio velarlo en la capilla del Hospital Español, después fue trasladado a la catedral de Córdoba y de ahí al Panteón de los Carmelitas en el cementerio cordobés de San Jerónimo, hasta que se determinó el traslado a España. Todo ello siempre acompañado por multitud de gente. María del Carmen escribió inmediatamente a German: *Respecto al cuerpo de Manolo hay que evitar por cuantos medios puedas todo homenaje político, que siempre le había horrorizado y le parecía algo así como de "funerales cívicos". Yo, recordando lo que él me decía, lo prohibí aquí. Querían llevarlo al teatro, pero "yo me impuse" y me obedecieron. Les dije que el cuerpo de mi hermano únicamente se llevaría a sitio sagrado, así que del hospital se llevó a la catedral, donde fue el funeral, y de allí al Panteón de los Carmelitas, porque él era hermano del Carmen...*

Mientras tanto en Cádiz, Germán recibe innumerables testimonios de pésame. Paralelamente Quirell y Pemán trabajan de manera denodada para preparar el homenaje de recibida y sepultura en la Catedral, lo cual conllevará una autorización expresa del papa Pío XII. Pemán fue una de las últimas visitas que recibió Falla en Argentina y de ello dejó constancia en una serie de artículos periodísticos.

El 22 de diciembre sus restos son embarcados rumbo a España, arribando en el puerto de Cádiz el 9 de enero de 1947 y de allí directamente a la Catedral, acompañado el cortejo de un sinfín de personalidades, religiosas, políticas, militares, civiles, culturales… y, lógicamente, una multitud ingente de gaditanos que quisieron así rendirle también su último tributo. Ya en la Catedral descendieron hasta la cripta donde fue enterrado.

Como colofón he aquí el testamento donde Falla expresó su última voluntad y donde reafirmó una vez más su fe en Dios:

En el Santo nombre de Dios, Padre, Hijo y Espíritu Santo, declaro mi voluntad de que sea mi cadáver conducido a lugar sagrado y en él sepultado, todo ello según el rito católico-romano a cuya Santa Iglesia tengo la gloria de pertenecer.

Es también mi expresa voluntad que la Cruz redentora presida mi sepultura.

Igualmente exijo, del modo más formal y terminante, que en la ejecución e interpretación escénica de mis obras se observe siempre —y sin ninguna posible excepción— la más limpia moral cristiana, así como que sean acompañadas por obras de evidente dignidad de espíritu moral y artística.

Granada, febrero de 1932. Como puede observarse por la

fecha este testamento es fruto de su reacción frente a la persistente ola de secularización impuesta por el Gobierno, y su reafirmación de catolicismo. Unos años después vuelve a completar estas disposiciones con un espíritu y actitud propiamente testamentaria:

En el Santo nombre de Dios, Padre, Hijo y Espíritu Santo, doy comienzo a esta segunda parte de mi testamento.

Es mi expresa voluntad designar como herederos-albaceas, tanto de los valores nacionales y extranjeros como de las sumas que pueda dejar depositadas a mi nombre en bancos de España o de otros países, y de cuantos derechos devenguen mis obras (derechos editoriales, de audición, de ejecución, de representación, etc., etc.), a mis amados hermanos doña María del Carmen de Falla y Matheu y don Germán de Falla y Matheu, que reservarán para sí mismos las sumas indispensables para atender a todas sus necesidades dentro de una discreta y cristiana modestia, destinando el resto, tanto para atender, con la mayor liberalidad posible, a ajenas necesidades, como a sufragios por mi alma y por la de nuestros difuntos en la forma y el modo luego determinados, así como para contribuir, de ser necesario, y en la debida proporción, al sostenimiento en nuestra Santa Iglesia Católica. También se seguirá costeando una lámpara que, en representación de nuestras almas, arda constantemente ante el sagrario de la iglesia parroquial. Se suceden luego una relación de personas por las que rezar: sus padres, abuelos y demás familiares; don Francisco de Paula Fedriani, su primer confesor y director espiritual; sus demás confesores, maestros, bienhechores y amigos; don Clemente Parodi, sor Eloísa Galluzzo, don Felipe Pedrell y don José Tragó, *todos fieles cristianos y aptos, por consiguiente, para la misericordia de*

218

Dios y la intercesión de Nuestra Señora hagan eficaces los sufragios ofrecidos por el descanso eterno de sus almas.

Y aquí termino la segunda y penúltima parte de mis disposiciones testamentarias, en el día 4 de agosto de 1936.

Hace referencia a la *penúltima parte*, pero la realidad es que no hubo ninguna disposición posterior, por lo que estas líneas fueron su última voluntad.

He aquí las sentidas palabras de Juan Viniegra, un gran amigo de Falla, que condensan lo que fue su vida:

> *La función del arte consiste, en efecto, en romper el recinto estrecho y angustioso de lo finito, en el cual el hombre está inmerso mientras vive aquí abajo y abrir una ventana a su espíritu, que ansía lo infinito (Pío XII - 8 de abril de 1952). No es posible leer estas autorizadas palabras, sin que a cada paso venga a mi memoria la persona y la obra toda del entrañable amigo D. Manuel de Falla. Falla escribe música profana, ciertamente, pero no se puede negar que Falla sea intérprete de Dios, en el más verdadero sentido de la palabra. Y si esto es así, Falla dio a Dios el honor y la gloria de su música. Su lema de por vida fue aquel "solo a Dios el honor y la gloria". Por ello, a su muerte, el Vicario de Dios en la tierra, lo declara hijo predilecto de su Iglesia.*

¿Y *ATLÁNTIDA*?

Ya hemos hecho referencia a las primeras ideas e inicio de los trabajos en *Atlántida*. Durante veinte años constituyó un auténtico calvario esta obra que no llegó a culminar, aunque puso en ella, como se suele decir, toda su alma. Algunos expertos justifican como un desacierto la elección de este tema, principalmente por ser una obra escrita en catalán, idioma que él desconocía y que tuvo que aprender al menos de una forma elemental, una obra que en el siglo xix tuvo su culmen de gloria pero que no encajaba en los gustos estéticos del momento, su admiración por Mosén Jacinto Verdaguer pudo más. La idea primitiva era también la de que fuese una obra representable en los escenarios.

Todo fueron exigencias más o menos problemáticas que sus amigos trataron de resolver: Un ejemplar de la obra original, así como una traducción fidedigna al español, un diccionario editado en la misma época que apareció la obra... Luego sucederían los planteamientos escénicos: movimientos de decorados en plena representación, colocación de los diversos y numerosos coros y la exigencia de que cuando se oyese la voz de Dios los coros tendrían que arrodillarse, a lo que le replicaban que era imposible que un coro cantase en esa posición y él elevaba su voz para decir: *¡Es que es Dios el que habla!* Y a todo esto la música no avanzaba. Se propusieron algunas posibles fechas para su estreno coincidiendo con diversos acontecimientos a nivel nacional o internacional, pero todo se desmoronaba a causa de las enfermedades o la inquietud producida por la situación social y política de España. Se llegó incluso a plantear el ofrecer dentro de algún concierto varios fragmentos de lo ya escrito, pero Falla se negó porque aquella audición fragmentaria pudiese servir a algunos críticos para prejuzgar la obra en su conjunto.

Y así es como *Atlántida*, recogidas todas las páginas escritas o anotadas en una carpeta bien custodiada por el Compositor, viajó también a Argentina. Aquí, nuevas revisiones, nuevos planteamientos, y la obra no tuvo un marcado avance. Falla se dolía de ello, pero no perdía la ilusión y confiaba en verla finalmente terminada. La última parte que retocó y dejó concluida fue el Aria de Pirene.

Durante varios años el archivo de *Atlántida* estuvo a cargo de Germán. María del Carmen no profesó como religiosa pero el resto de su vida hasta 1971, en que falleció, estuvo viviendo en un convento de Jerez de la Frontera, aunque no por ello perdiera el contacto y estuviera al día de todo lo relacionado con su hermano Manuel y más desde que Germán muriera en 1959. La familia quedó representada por M.ª Isabel de Falla, la hija de Germán.

Desde la muerte de Falla y hasta mediados la década de los cincuenta se sucedieron innumerables conversaciones sobre el legado de D. Manuel y especialmente sobre *Atlántida*, hasta que el 4 de junio de 1955 Germán, en nombre de la familia, contrata con la Casa Ricordi los derechos de la obra. Ernesto Halffter, gran conocedor de su Maestro, será el encargado de estudiarla y completarla. Años de inquietud, de impaciencia, de añoranza… Halffter está recluido en un lugar de Italia y por el momento no quiere hacer declaraciones de ningún tipo.

No todo el libreto estaba extraído de fragmentos de la obra del poema de Verdaguer. Hay también versos de algún otro libro suyo o de otro autor. Incluso el *Himnus hispanicus* quedó la música sin ningún texto atribuido. Por sugerencia de José María Pemán se encargó al escritor José María de Sagarra la composición de un poema que se ajustara a la música.

Por fin, una primera versión con partitura reducida fue estrenada, a modo de concierto, en el Gran Teatro del Liceo de Barcelona los días 24 y 26 de noviembre de

1961, con Victoria de los Ángeles y Raimundo Torres, dirigiendo Eduardo Toldrá. Inmediatamente se sucedieron interpretaciones en Cádiz, Granada, Edimburgo, Santander, San Sebastián, Nueva York... todas ellas con grandes elogios. El 18 de junio de 1962 tendría lugar la primera representación completa y escénica en el Teatro alla Scala de Milán con tres voces excepcionales: Giuletta Simionato, Teresa Stratas y Lino Puglisi. La dirección corrió a cargo de Thomas Schippers. Poco después, el 9 de octubre de 1962, se representó también en el Deutsche Oper Berlin de Berlín. A pesar del esfuerzo realizado por la complejidad de la obra, la crítica la acogió con relativa frialdad. *Atlántida* para la escena no resultaba, el texto íntegro de la versión completada por Halffter tampoco. Se hizo necesaria una nueva y profunda revisión estrenada, a modo de cantata, en Lucerna en 1976 y es la que actualmente se interpreta con gran éxito. Admirable fue la realizada con ocasión de la inauguración del Auditorio Nacional de Música, en Madrid, el 21 de octubre de 1988, con Montserrat Caballé, Teresa Berganza, Vicente Sardinero y el Coro y Orquesta Nacionales dirigidos por Jesús López Cobos.

La tercera parte culmina con tres páginas excepcionales donde se reconoce el genio de Falla para una música que se puede considerar religiosa: *El sueño de Isabel, La Salve en el mar* (el único texto en español con fragmentos de las Cantigas de Alfonso X el Sabio y Gonzalo de Berceo):

Salve, virgen gloriosa
madre del Nuestro Señor y Redentor;
acorra tu virtud a los caídos

222

bajo del yugo del mal;
guíanos, oh María,
estrella de los mares.
Oh tú, que con asombro de natura,
encarnaste a tu divino Autor,
sacro abismal misterio,
Salve, Señora nuestra
de dulce y poderoso señorío.
Rosal de Jericó,
palma erecta de Gades,
expande tus ramadas
sobre los que en ti esperan.
Oh gloria de Sión,
pilar augusto,
estel de Montserrat,
Salve, puerta del Cielo.

Y, finalmente, en latín *La Noche Suprema*:

Dies sanctificatus illuxit super terra. Factus est Dominus firmamentum meum, Dominus regit me. Dies sanctificatus illuxit super terra.

(Un día santificado amaneció sobre la tierra. El Señor se ha convertido en mi apoyo, el Señor me gobierna. Un día santificado amaneció sobre la tierra).

Madrid - Granada, 24 de agosto de 2024
Fiesta de San Bartolomé, Apóstol

HOMENAJES A FALLA

Se recoge en este apartado final una breve antología de poemas y prosas dedicados a Manuel de Falla. Unos escritos en vida del Compositor y otros tras su muerte.

Tú, más allá de todas las fronteras,
estás contigo en otra Andalucía,
donde es eterna y sabia la armonía
del agua y de la rosa.

Primaveras
colgantes son sobre unas nubes vanas
tus jardines soñados, y es un triste
sol infinito y vago que no existe
el que ha puesto morenas tus gitanas.

No canta en ti la oscura y soñadora
Bética *jonda*, ni repiquetea
tu arte de gozo vano y zambra mora.

¡Tu arte es el arte que el esfuerzo crea
sobre el segundo cielo sin aurora
donde cantan el Número y la Idea!

José María Pemán. *Señorita del mar.*

A Manuel de Falla, enterrado en la cripta de la Catedral de Cádiz

EN la cripta sonora de aquella catedral,
"Santa Cruz —que la dicen— sobre las aguas", Falla,
aquel gitano músico, sonoro, angelical;
aquella nada humana; aquel fanal
de cristal transparente que tenía la malla
de los nervios ardientes de Ideal
y Amor de Dios, reposa.

Ya cumplió su destino; ya se llevó la rosa
de su canto y su voz
a donde siempre quiso
llevarla, que era a Dios.

Porque él no fue un Narciso
enamorado de sus armonías.
Él era un pasajero por los días
y las horas. Él fue por los jardines
de las noches de España, buscando serafines
que le enseñaran el supremo canto
que comienza con esos tres rientes
claros chorros de fuentes
que van diciendo: ¡Santo, Santo, Santo!

Él se lo preguntó al valle y al río,
y a las espigas del estío,
y a mayo con sus flores,
y al enlunado jazminero,
y fue, como San Juan, tras los pastores
por las majadas del otero,
por la noche y el día,
buscando profesores
que le enseñaran a decir amores
del modo que él quería.

Hasta que un claro día
sintió que enmudecía
el eco de su voz...
¡y su canción seguía!

Y comprendió que había
ya sido su armonía
aceptada por Dios.

Porque su anhelo todo y todo su profundo
Deseo era aprender ese infinito acento.

Él no hizo en este mundo
sino templar el instrumento.

Los más hondos quejidos de sus béticos sones;
sus mejores canciones
de amor y brujería y petenera,
fueron una manera
de echar fuera de sí sus tentaciones.

Una manera de irse desnudando
de sí mismo; y quedándose en torcida
empapada de un blando
aceite generoso de renunciada vida.

Ya estatua arada por la dura gubia
del Dolor, manejada por algún serafín.
Ya pura cuerda rubia
de un celeste violín.

Ya imposible cantar, amanecido
por las orillas de su acento;
ya leve junco ofrecido
al dulce pulso musical del viento.

Ya criatura de pena; ya pensamiento fijo
en otro más allá; ya crucifijo
de sus propios dolores;
ya "con más voz que carne", como dijo
Lope de Vega de los ruiseñores.

Ya un puñado de polvo en un sayal;
ya un puro, simple y liberado cántico
unido a los murmullos sin tregua del Atlántico
en la cripta sonora de aquella catedral
donde, como una rosa
ofrecida a su Dios,
silenciosa reposa
esa nada de carne que bastaba a su voz.

José María Pemán
Obras Completas. Tomo I, pág. 642

228

Resuena Falla

Manuel de Falla… Manuel
de Cádiz y de Sevilla.
Manuel de la «seguiriya»,
de la almendra y del clavel…
Solo él
hizo en el mundo sonar
y al mundo entero admirar
lo que entendíamos pocos
—amantes, sabios y locos—
de poesía popular.
¡Ay, noches del Albaicín,
de luna desparramada!
¡Ay, ponientes de Granada,
de caramelo y carmín!
¡Ay, jardín
milagro de zambra y flor,
del saber y del sabor
de toda mi Andalucía,
que sin ti no se sabría,
Manuel, supremo cantor!
Ángel, sombra, gracia, aquél…
Desde la cumbre nevada
a la falda caldeada,
desde la piedra al vergel…
Y al pie de él,
El cantar de las ondinas,
las campanas submarinas
de Atlántida, allá en lo hondo
del glauco Imperio del fondo
las melodías dinas,
¡Ay, Manuel!

Que solo las oyó él.
Ángel, sombra, gracia, aquél.

Manuel Machado
Poesías Completas, p. 744
Editorial Renacimiento, 2019

Falla en La Alhambra (recuerdo de 1925)

«La Alhambra no, que nadie se la enseñe.
Quiero llevarle yo». La tarde era
frágil y gris de niña primavera,
norte del sur, (Ay, mi Verdoso lueñe.)

Puerta del Vino, Debussy. Despeñe
sus arpegios de uña la habanera.
Don Manuel se detiene, habla pondera.
Me mira y calla: que yo escuche y sueñe.

Azulejo de Albéniz, huésped, monje.
Y llueve al fin pianísimo. Que esponje
la hoja nueva y la flor de los sembrados.

El arrayán se abre; un gnomo ardiente.
Falla y él charlan, qué piadosamente
—catedral sumergida—, de Granados.

Gerardo Diego
Poesía II, p. 445
Aguilar 1989

Epitafio A Manuel De Falla
(Catedral De Cádiz)

Aquí están sus huesos mínimos.
Pesan una Atlántida.

La música de Dios
descendió sobre las aguas.

En la catedral del aire,
el espíritu de Falla.

Ángeles y seises
rezando bailan.

Gerardo Diego
Poesía II, p. 66
Aguilar 1989

Soneto de homenaje a Manuel de Falla, ofreciéndole unas flores

Lira cordial de plata refulgente,
de duro acento y nervio desatado,
voces y frondas de la España ardiente
con tus manos de amor has dibujado.

En nuestra propia sangre está la fuente
que tu razón y sueños ha brotado.
Álgebra limpia de serena frente.
Disciplina y pasión de lo soñado.

231

Ocho provincias de la Andalucía,
olivo al aire y a la mar los remos,
cantan, Manuel de Falla, tu alegría.

Con el laurel y flores que ponemos
amigos de tu casa en este día,
pura amistad sencilla te ofrecemos.

Federico García Lorca
Poesía completa
Galaxia Gutenberg 2011 p. 588

Manuel de Falla (1926)
(Nota: se respeta la sintaxis peculiar de Juan Ramón Jiménez)

Se fue a Granada por silencio y tiempo, y Granada le sobredió armonía y eternidad. Tal paseante de la Antequeruela Alta ve acaso una menuda presencia neta y negra, bordes blancos, tecla negra de pie entre el lustroso hojear unánime de un alto jardín segundo; o enrojecido del sol polvo de ladrillo de un poniente áspero, rasgado, piado de aviones, un grupo de domingo en torno (manzanilla y galletas) del velador del jardín bajo: la romántica esbeltez granadina enlutada de encajes, la anciana siempre bonita de capota de otra moda, farsante bailarina estranjera, el niño Maceo cabeza de coco, algún poeta español.

Su hondo brío, no igualado luego en la música aquí, lo atesora Falla, recojido semanal, echándose en la cumulosa oleada de verdor profundo de los paseos en cuesta de La Alhambra, brazos de redonda lujuria seguida entre los duramente delicados amatistas, ópalos, rosas últimos de Sierra Nevada, verdad de Théophile Gautier;

o enfrentándose desde San Nicolás, tal vez, con los cubos granas de la arquitectura cuadrada y maciza de las torres, quietas y solas bajo la imponderable ramificación sucesiva de los venosos ricos nublados vespertinos; o integrándose frente a la perenidad de tal ciprés no fúnebre, cortado, completo contra el naciente de luna alegre de un duradero carmen blanco.

De noche, suben los rumores de Granada: gritos de niños, campanas, balidos como estrellas menudas (que estamos con las grandes), un cornetín, medias coplas, lamentos ondulados; y las luces incesantes de la Vega van y vienen. La soledad es absoluta en la Antequeruela, donde se exalta aquel balcón verde, con aquella persiana verde, con aquella farola verde (en el arrollo de la calle, la rata muerta). Y va tomando hora y sentido la esquina secreta de la tentación dramática, por la que, escondiéndose en la sombra de la luna, ronda el sueño del músico, sonriente y dichoso tras su rosario rezado, la rítmica fantasma con suspiros tentadores de la oculta, cobriza, perdida canción jitana.

Juan Ramón Jiménez
Españoles de tres mundos (1958)

Vida imaginaria de Falla. "Azorín"
(El 4 de junio de 1933 el diario LA PRENSA de Buenos Aires publicaba un bello artículo de José Martínez Ruiz "Azorín" dedicado a Falla: VIDA IMAGINARIA DE FALLA. Juan Viniegra y Lasso de la Vega lo reproduce íntegro en su libro Manuel de Falla, su vida íntima (1966). Transcribimos un amplio fragmento y la carta de agradecimiento de Manuel de Falla)

233

Falla no vive en la Ciudad, sino en los alrededores. Su casa es limpia y clara. Le rodean laureles, cipreses, rosales, jazmineros. Los cipreses levantan su cima aguda por entre el boscaje de los demás árboles. No chirria casi nunca la arena del jardín, no hacen chirriar esa arena amarilla, en su central alameda, los pies de los visitantes inoportunos. Casi nadie sabe que en esa casita de paredes nítidas, enjalbegadas de cal, vive un gran músico. Y es porque este músico no vive en la edad presente, edad de periodistas y aficionados curiosos, sino en el siglo XVI, o, más atrás, en el siglo XII, que ahora. Las paredes blancas de las casas eran idénticas en la centuria dicha que al presente. Solo en el silencio y en la paz, solo un artista en esta casita, puede hacerse la ilusión de que lo mismo vive en él, en un tiempo que en otro, lo mismo hoy, en el siglo XX que en el siglo XII. Lo que cambia son las vanas agitaciones del mundo. Y como Falla no está sujeto a esas agitaciones, su vivir es inactual. Inactual como esa música tan fina, tan sutil, tan alada, tan cargada de espiritualidad, que Falla va escribiendo en el Pentágrama. Su salud, la del músico, es débil. Su afán lírico se halla atravesado por angustias y desesperanzas. Pero los enfermos, los que adolecen de poca salud, tienen una ventaja; como los ratos de respiro, que el dolor les deja, son raros, gozan de esos momentos felices de un modo intenso, ansioso. Como el dolor los tiene cautivos, los momentos que le deja libres aprecian, cual no aprecian los sanos, los matices más finos, más tenues, de la vida y de las cosas. La sensibilidad de esos hombres se desquita, en tales instantes, de las muchas cosas de que no pueden gozar en el curso de la dolencia. Un matiz que no tiene importancia para una persona sana, la tiene para un enfermo; un rayo de sol, una sombra azul bajo un alero, el murmurio del agua en un regazo, el aleteo sonoro de las hojas de un bosque, el lucir de una remota estrella, todo esto de que un sano puede fluir a todas horas, un enfermo lo recoge en su sensibilidad con avidez en los instantes en que el dolor le deja libre.

El 7 de julio de ese mismo año Falla escribe a "Azorín":

Mi admirado amigo:

Así me permito llamarle, y no solo por la evidente prueba de amistad que acaba VD. de darme, sino también porque, en ya lejanos tiempos, coincidimos en casa de Baroja, y, unos años después, en Zumaya, en la de Zuloaga.

Ignoradas manos amigas de Buenos Aires, me envían su artículo de «La Prensa», que encuentro al regresar de un viaje (no de Tierra Santa, desgraciadamente, sino de Mallorca) y quiero decirle la honda emoción que debo a su lectura, pensando en que quien tanto me honra es el autor de tantas cosas admirables y amadas y admiradas por mí. Más aún: muchas de ellas han sido fuerte estímulo para mi propio trabajo, que no es tan misterioso como usted supone, y que, en muchos de sus aspectos, se asemeja al de un escritor que también fuese arquitecto. Pero, volviendo a su obra, entre lo mucho que le debe mi trabajo de música, cuenta aquella «clara» fórmula que usted propone al hablar del estilo: la de colocar las ideas «unas después de otras» ...

No sabe usted la envidia que siento por ese músico que tiene mi mismo nombre y que ha conseguido lo que vengo inútilmente persiguiendo desde que empecé a practicar mi oficio: el silencio y el aislamiento en el trabajo. La esperanza de hallarlos me trajo a Granada; pero tanto he esperado en vano, que temo tenerme que ir con la música a otra parte.

¡Cuánto deseo la ocasión de que nos encontremos! Mientras, crea usted en mi más viva devoción y gratitud.

M. F.

PRINCIPALES OBRAS
DE MANUEL DE FALLA

La vida breve (Ópera en dos actos). 1904

Cuatro piezas españolas (Piano). 1907

Trois Melodies (Canto y piano). 1909

Siete canciones españolas (Canto y piano). 1914

El amor brujo (Ballet en un acto). 1915

Noches en los jardines de España (Impresiones sinfónicas para piano y orquesta). 1916

Fantasía baética (Piano). 1918

El sombrero de tres picos (Ballet). 1919

Homenaje a Debussy (Guitarra). 1919

El retablo de maese Pedro (Obra para títeres). 1922

Psyché (Canto y flauta, arpa, violín, viola y violonchelo). 1924

Concerto (Para clave, flauta, oboe, clarinete, violín y violonchelo). 1926

Soneto a Córdoba (Canto y arpa). 1927

Homenajes (Orquesta). 1938

Atlántida (Poema para coros y orquesta). 1927-1946

ESTE LIBRO, PUBLICADO POR
EDICIONES RIALP, S. A.,
MANUEL URIBE, 13-15, 28033 MADRID,
SE TERMINÓ DE IMPRIMIR EN
ANZOS, S. L., FUENLABRADA (MADRID),
EL DÍA 2 DE ABRIL DE 2025.